Zu diesem Buch

Ein Aspekt in der Wirkungsgeschichte der Kapitel 40—55 des Jesajabuches hat neben vielen anderen eine bis heute besondere Bedeutung. Er betrifft den Zusammenhang der Fragen: Wie kann in die Erfahrung einer großen geschichtlichen Katastrophe hinein einer großen Gruppe von Menschen gegenüber von Gericht und Erbarmen Gottes geredet werden? Oder anders: Gibt es menschliche und menschenwürdige Zukunft angesichts kollektiver Leidenserfahrung und Lebensbedrohung und wenn ja, wie ist sie vermittelbar? Claus Westermann geht in seiner Auslegung der dtjes Botschaft den Weg nach, der sich für Israel durch die Katastrophe hindurch zur Erwartung einer neuen Zukunft und der Erfahrung des Neubeginns erschließt.

Dtjes meint die Zukunft, in der sich das Lob des Schöpfers und Herrn der Geschichte als Antwort des Menschen auf Gottes rettendes Handeln durchzusetzen beginnt. Dabei weisen die herausgearbeiteten Redeformen (Klage, Lob, Heilsorakel, Gerichtsreden, Bestreitungen usw.) auf das Geschehen hin, in welchem sich menschliche Wirklichkeit und Gottes Handeln in Gericht und Erbarmen begegnen. Der Botschaft Dtjes' liegt das Bekenntnis zugrunde, daß der Gott, dem Israel die Erfahrung der Rettung verdankt, nicht aufhören wird, sein Gott zu sein. So erfährt die Klage des einzelnen und die Klage des Volkes eine Antwort. Am Ende weitet sich der Blick in eine Zukunft, die durch die Treue Gottes zur Welt ermöglicht wird und von der Verheißung lebt, daß Gottes Wort bewirken wird, wozu er es sendet (Jes 55,11).

Professor D. Claus Westermann, geb. 1909, promovierte nach dem Krieg an der Universität Zürich. Er wirkte als Pfarrer an der Kaiser-Wilhelm-Gedächtniskirche in Berlin und als Dozent an der dortigen Kirchlichen Hochschule, bevor er 1958 als Ordinarius für Altes Testament an die Universität Heidelberg berufen wurde.

Andreas Richter, geb. 1954, der die Einführung in die Hauptlinien der neueren Deuterojesaja-Forschung geschrieben hat, ist inzwischen Vikar der Bayrischen Landeskirche. Nach seinem Studium in Neuendettelsau, Tübingen und Heidelberg war er lange Zeit wissenschaftlicher Mitarbeiter in der Genesisforschungsstelle der Universität Heidelberg unter Leitung von Prof. Westermann.

Calwer Theologische Monographien

Herausgeberkreis:
Jörg Baur, Martin Brecht, Horst Bürkle, Georg Kretschmar, Manfred Seitz,
Peter Stuhlmacher, Claus Westermann

Reihe A: Bibelwissenschaft
Herausgegeben von Peter Stuhlmacher und Claus Westermann

Band 11
Claus Westermann
Sprache und Struktur der Prophetie Deuterojesajas

Claus Westermann

Sprache und Struktur
der Prophetie Deuterojesajas

Mit einer Literaturübersicht „Hauptlinien der Deuterojesaja-
Forschung von 1964—1979", zusammengestellt und kommentiert von
Andreas Richter

CALWER VERLAG STUTTGART

CIP-Kurztitelaufnahme der Deutschen Bibliothek
Westermann, Claus:
Sprache und Struktur der Prophetie Deutero-
jesajas / Claus Westermann. Mit e. Litera-
turübers. „Hauptlinien der Deuterojesaja-
Forschung von 1964—1979" / zsgest. u. kom-
mentiert von Andreas Richter. — Stuttgart :
Calwer Verlag, 1981.
    (Calwer Theologische Monographien : Reihe
    A, Bibelwiss. ; Bd. 11)
    ISBN 3-7668-0673-4
NE: Richter, Andreas: Hauptlinien der Deute-
rojesaja-Forschung von neunzehnhundertvier-
undsechzig bis neunzehnhundertneunundsiebzig;
Calwer Theologische Monographien / A

ISBN 3-7668-0673-4
© 1981 by Calwer Verlag Stuttgart
Printed in Germany
Satz und Druck: Ernst Leyh, Stuttgart

INHALTSVERZEICHNIS

Vorwort 7

Sprache und Struktur der Prophetie Deuterojesajas 9
Erster Teil: Der Stand der Diskussion 9
Zweiter Teil: Redeformen und Aufbau des Deuterojesajabuches . . . 34
    Das Heilswort bei Deuterojesaja 34
    Die Heilszusage 34
    Die Heilsankündigung 37
    Das Disputationswort 41
    Die Gerichtsreden 51
    Das Königsorakel 44, 24—45, 7 61
    Kapitel 46 und 48 68
    Die (eschatologischen) Loblieder 74

Zusammenfassung: Aufbau, Redeform und Botschaft Deuterojesajas . . 81
    Der Aufbau des Buches 81
    Die Redeformen und die Botschaft 82

Hauptlinien der Deuterojesaja-Forschung von 1964—1979 . . 89

  I. Zur literarkritischen Problematik 89
    1. Die sog. Deuterojesajanische Hypothese 89
    2. Die Frage der literarischen Einheitlichkeit und die Bestimmung von
       Entstehungszeit und -ort 90
    3. Metrische und stilistische Analysen 92

II. Formgeschichtliche Untersuchungen 93
    1. Heilsworte 93
    2. Disputationsworte und Bestreitungen 95
    3. Gerichtsworte 97
    4. Hymnische Redeformen 99

III. Die sog. Gottesknechtlieder 102

IV. Traditionsgeschichtliche Untersuchungen 104
    1. Pentateuch und Geschichtsbücher 104
    2. Psalmen und Weisheit 106
    3. Propheten 107

V. Religionsgeschichtliche Untersuchungen 109

VI. Theologisch-systematische Interpretationsprobleme 111
    1. Stellung und Funktion der dtjes Schöpfungsaussagen . . . 111
    2. Die Struktur der dtjes „Eschatologie" 114

VII. Struktur und Komposition von Jes 40—55 116
    (theologisch-systematisch, form- und redaktionsgeschichtlich)

Abschließender Gesamteindruck 122

Literaturverzeichnis 124

VORWORT

Zum Erscheinen meines Deuterojesajakommentars in 4. Auflage (AT-Deutsch, Vandenhoeck und Ruprecht, Göttingen) gebe ich die Begründung meiner Auslegung in dem Aufsatz „Sprache und Struktur der Prophetie Deuterojesajas", der seit langem vergriffen ist (erschienen in „Forschung am Alten Testament" I, 1964, ThB 24, Christian Kaiser, München), noch einmal heraus zusammen mit einem Überblick über die seither erschienene Literatur. Für die Neuherausgabe in den Calwer Monographien danke ich dem Calwer Verlag, für die Literaturübersicht ihrem Verfasser, Herrn Vikar Andreas Richter.

Es entspricht der Absicht dieser Neuherausgabe, daß sie unverändert erscheint; auch hätte ich jetzt nicht die Zeit zu einer Neugestaltung. An den wesentlichen Linien dieses Aufsatzes hat sich für mich seither nichts geändert. Nur würde ich heute in der von Gunkel übernommenen Bezeichnung „Die (eschatologischen) Loblieder" (so die Überschrift S. 74, in der die Klammern schon damals meine Bedenken zum Ausdruck brachten), das Adjektiv weglassen. In dem so überschriebenen Kapitel lag mir besonders daran, die Bedeutung dieser Loblieder für den Aufbau des ganzen Buches herauszuarbeiten. An der Aufgabe, die Zusammenhänge der Verkündigung Deuterojesajas besser, als es bisher geschehen ist, zu erkennen, wurde, wie der Literaturüberblick zeigt, inzwischen weitergearbeitet; aber hier bleibt noch viel zu tun. — Stärker als damals würde ich heute die Funktion dieser Loblieder als Responsorium im Ganzen des Redens von Gott im Alten Testament betonen (dazu meine „Theologie des Alten Testaments in Grundzügen" 1978).

Claus Westermann

SPRACHE UND STRUKTUR
DER PROPHETIE DEUTEROJESAJAS
1964

Erster Teil

DER STAND DER DISKUSSION

Die Besonderheit der Sprache Deuterojesajas ist früh entdeckt worden; aber sie ist bei weitem noch nicht geklärt. Übersieht man die Literatur dazu aus den letzten Jahrzehnten[1], so hebt sich ganz klar *ein* Problem als das für die Sprache Deuterojesajas entscheidende heraus: hat sie einen vorwaltend literarischen oder einen vorwaltend vor-literarischen Charakter? Das einschränkende „vorwaltend" ist bewußt deswegen hinzugesetzt, weil der Stand der Diskussion dies wenigstens sicher zeigt: es ist nicht mehr möglich, die Sprachform des Dtjes. eindeutig als nur vorliterarisch oder nur literarisch zu bezeichnen. Die eigentliche Frage ist dabei nicht, ob Dtjes. schriftlich oder mündlich gewirkt hat; die Frage ist, ob seine Sprache in der denkenden Konzeption eines Schriftstellers geprägt ist, oder eine dem Wirken des Propheten vorgegebene war.

Daß an dieser Stelle das entscheidende Problem der Sprache Dtjes.' und damit des Charakters seiner Prophetie liegt, zeigen die meisten neueren Arbeiten. Aber eine überzeugende Lösung ist bis jetzt nicht gefunden. Unter „literarischem Charakter" ist hier verstanden: das Buch Deuterojesaja, d. h. Jes. Kapitel 40—55 sind entstanden wie ein literarisches Werk entsteht; der für das Entstehen des Buches entscheidende Vorgang ist das Niederschreiben einer Konzeption, die ihre Gestalt aus dem Geist des Mannes bekam, der diese Kapitel schrieb und zwar im Vorgang des Niederschreibens selbst.

---

1. Vgl. *G. Fohrer*, Neuere Literatur zur alttestamentlichen Prophetie, in: THR N. F. 19, 1951, S. 298—305; 20, 1952, S. 228—242. *Ders.*, Zehn Jahre Literatur zur alttestamentlichen Prophetie (1951—1960), in: THR N. F. 28, 1962, S. 235—249.

Unter „vorliterarischem Charakter" ist hier verstanden: das Buch Deuterojesaja ist entstanden aus Vorgängen, die *vorliterarischen* Charakter haben, also aus Rede- oder Sprachvorgängen, die eine bestimmte, erkennbare Funktion in einer Gemeinschaft haben, und in denen die Worte oder Wortgebilde schon geprägt wurden *bevor* sie dann nachträglich eine schriftliche Fassung bekamen.

Das Problem der Sprache Deuterojesajas läßt sich von hier aus fixieren. Es wird heute von niemandem mehr bezweifelt, daß der schriftlichen Fassung der Prophetie des Amos, des Jesaja, des Jeremia Worte zugrundeliegen, die ihre eigentliche Prägung als mündliche Worte aus der Situation bekamen, in der sie gesprochen wurden. Solche Situationen sind uns zusammen mit dem in ihnen gesprochenen Wort mannigfach überliefert (z. B. Am. 7, 10—17). Warum sollte dasselbe nicht selbstverständlich auch für Deuterojesaja gelten? Es ist niemals ernsthaft bestritten worden, daß Dtjes. ein Prophet war. Wie konnte dann die Frage aufkommen, ob er überhaupt wie die anderen Propheten alle mündlich gewirkt hat? Ist nicht der Begriff „schriftliche Prophetie" schon ein Widerspruch in sich? Der Grund kann nicht allein sein, daß uns keine Berichte vom Wirken des Dtjes. überliefert sind; man kann auch nicht ein mündliches Wirken im Exil von vornherein ausschließen, weil von Ezechiel ein mündliches Wirken unter den Exilierten überliefert ist. Der Grund ist vielmehr die Andersartigkeit der von Dtjes. überlieferten Worte. Bei ihm finden sich keine Worte wie Jes. 5, 1—7 oder Am. 4, 1—3, die so völlig in sich geschlossen, so eindeutig eine bestimmte Situation spiegelnd, in sich ruhende Einheiten darstellen[2]. Hierin liegt ein wesentlicher Unterschied vor, der von niemandem geleugnet werden kann[3].

Dieser nicht zu leugnende Unterschied begründet, daß die Ausleger des Buches bis in die Gegenwart überwiegend bei ihrer Auslegung größere Abschnitte zugrundegelegt haben, nicht aber, wie bei Amos

2. „40—55 enthalten nicht einen einzigen Hinweis auf eine konkrete Gelegenheit der Verkündigung, und sie gestatten auch keine Rekonstruktion einer solchen". *Eissfeldt,* Einl. S. 441.
3. Wollte jemand dies bestreiten, dann brauchte er nur einen Blick auf die bisherigen Versuche zu werfen, 40—55 in kleine Rede-Einheiten aufzulösen. Z. B. kommt *H. Greßmann* (s. u.) auf 49 selbständige Einheiten; auf etwa ebensoviele kommt *Budde* nach den Überschriften in der Übersetzung bei *Kautzsch*. Aber nicht die Hälfte der hier und dort gefundenen Einheiten decken sich! Hier ist daher die Kritik der Gegner solcher Auflösung in kleine Einheiten, wie *Sidney Smith* und *Muilenburg* (s. u.), berechtigt.

etwa, einzelne eindeutig in sich geschlossene Prophetenworte. Hierin ist auch die offenkundige Schwierigkeit begründet, die Grunderkenntnisse der Gattungsforschung auf die Prophetie Dtjes.' anzuwenden. Zu einem klaren Ergebnis ist die Diskussion bisher nicht gekommen. Die erste formgeschichtliche Untersuchung war der grundlegende Aufsatz von *H. Greßmann: Die literarische Analyse Deuterojesajas,* ZAW 1914, S. 254—97. *Greßmann* geht von den Einleitungs- und Schlußformeln aus, die ein Einzelwort als prophetisches Orakel charakterisieren und auch abgrenzen. Zu diesen prophetischen kommen dann noch eine Reihe anderer Einleitungsformeln. Dieser Tatbestand ergibt, daß Jes. 40—55 weder im ganzen als eine Einheit, noch in großen Abschnitten (*Stärk* spricht von 8 Hymnenkränzen, *Kissane* von zehn Triaden mit logisch sich entwickelndem Thema, The book of Isaiah, Dublin 1943) entstanden ist, sondern als eine große Zahl von Liedern und Sprüchen, die alle als ursprünglich selbständig angesehen werden müssen (etwa 49). *Greßmann* unterscheidet als Hauptgruppen prophetische und (der Prophetie) fremde Gattungen; dies ganz in Übereinstimmung mit der Hauptunterscheidung der Gattungen der vorexilischen Prophetenworte, z. B. durch *Gunkel.* Beherrschend ist das Verheißungswort: Von den 49 Sprüchen Dtjes.' enthalten 43 direkte, 6 indirekte Verheißungen. Er unterscheidet aber von diesen das Trostwort als eine eigene Gruppe.

In einem Schlußabschnitt weist *Greßmann* nachdrücklich auf die Grenzen, die dieser Aufgliederung Deuterojesajas in Einzelworte gesetzt sind. Er sieht, daß bei Dtjes. die Auflösung der prophetischen Gattungen beginnt. Oft ist eine genaue Trennung der einzelnen Worte nicht möglich; die Grenzlinien zwischen Gotteswort und Prophetenwort können nicht immer klar erkannt werden, fast überall sind hymnische Bestandteile, die der Prophetie ursprünglich fremd sind, eingedrungen und haben den alten Rahmen gesprengt. Die Analyse Deuterojesajas begegnet daher eigentümlichen Schwierigkeiten, die vor allem eine genaue Statistik der einzelnen Gattungen unmöglich machen. Auch leugnet er nicht zusammenfassende Kompositionen, die aber herauszustellen zu kompliziert wäre. An der *literarischen* Einheit Dtjes.' sei nicht zu zweifeln.

Ludwig Köhler: Deuterojesaja, stilkritisch untersucht, BZAW 37, 1923. Die Bedeutung der Arbeit *Köhlers* (sie war als Vorarbeit zu einem Kommentar gedacht, S. 3) liegt vor allem in der Klärung einer Fülle von Einzelheiten zur Grammatik und zum Stil der Prophetie

Deuterojesajas. In einer ganz kurzen Skizze der Deuterojesaja-Forschung sieht er nach dem Kommentar *Duhms* „einen entscheidenden Schritt im Verständnis des Deuterojesaja ... dann nur noch" in dem Aufsatz *Greßmanns* von 1914. *Köhler* folgt *Greßmann* darin, daß auch er die Prophetie Dtjes.' auf ganz kurze (70!) Einzelworte zurückführt und sie je für sich übersetzt und behandelt. Auf eine Gattungsbestimmung im Detail aber läßt er sich nicht ein, diskutiert sie auch nicht, sondern bezeichnet als Gattung nur, was sich ihm ganz sicher als solche ergibt.

In dem Abschnitt „Formen und Stoffe" (S. 102—142) behandelt er zunächst den „Botenspruch und seine Abwandlungen". Das entscheidende Kriterium ist ihm — hier folgt er *Greßmann* — die formelhafte Einleitung (und z. T. Schlußformel) des Botenspruches. Er führt aber über *Greßmann* darin hinaus, daß er die Vorgeschichte und Herkunft des Botenspruches entdeckt und damit seinen „Sitz im Leben" bestimmt. Dieser Abschnitt über den Botenspruch hat für die Erforschung der prophetischen Redeformen im ganzen eine hohe Bedeutung bekommen[4]; für Deuterojesaja selbst hat *Köhler* hier den eigentlich zu erwartenden Schritt nicht getan, die für diesen Propheten spezifische Art des Botenspruches, nämlich das Heilswort, näher zu bestimmen. So tritt seltsamerweise in der Zusammenstellung *Köhlers* in dem Abschnitt „Formen und Stoffe" das Heilswort überhaupt nicht auf.

Sehr wichtig und weiterführend aber ist der Abschnitt über die Streitgespräche S. 110ff., die in ihrer Verwurzelung im israelitischen Rechtsleben dargestellt werden. So hat er z. B. in dem Abschnitt „Die Grundgedanken der Streitgespräche bei Deuterojesaja" S. 116ff. in erfreulicher Klarheit dessen beide Grundtypen herausgestellt:

> „Man kann dies alles (das Vorangehende) Stoff des einen großen Streitgespräches: der großen Auseinandersetzung zwischen Jahwe und allen anderen Göttern, nennen und daneben — aber ja nicht etwa zum Zwecke der Textzerlegung in zwei oder mehr Autoren! — den Stoff eines zweiten großen Streitgespräches stellen. Dieses enthält die große Auseinandersetzung zwischen Jahwe und seinem Volke ..." (S. 117).

Unter den Begriff der Prädikation (Selbst- und Fremdprädikation) faßt *Köhler* den ganzen Kreis der hymnischen Sätze und Bestandteile bei Deuterojesaja:

> „Es ist der Hymnus, den in seiner großen Bedeutung bei Deuterojesaja anerkannt ... zu haben das Verdienst von *Greßmann* ist" (S. 121).

---

4. Hierzu vgl. *C. Westermann*, Grundformen prophetischer Rede, München 1960, bes. S. 25ff. ([2.]1964 erw.).

Dazu kommt „Der Stoffkreis der Theophanie" S. 124ff.

Aber aus dem bisher von *Köhlers* Arbeit Wiedergegebenen könnte ein ganz falscher Eindruck entstehen. Die Auflösung der Prophetie Dtjes.' in 70 Einzelworte und das Fragen nach Gattungen wie Botenspruch, Streitgespräch, Prädikation, und deren Herkunft bedeutet für *Köhler* keineswegs, daß er die Dtjes.-Texte von diesen Gattungen her als deren jeweilig besondere Prägung versteht; vielmehr sind für *Köhler* die „Formen und Stoffe" nur gewissermaßen das Rohmaterial, mit dem Dtjes. arbeitet; in diesem Arbeiten selbst aber geht er völlig souverän, völlig frei mit den Formen und Stoffen um; er geht mit ihnen um als Dichter und als Prophet:

„So kämpfen in Deuterojesaja zwei Mächte: der verweilende, schauselige, in Schilderung sich ergehende Poet, und der unter Zwang der Sendung und Entschlossenheit des Willens gestraffte Prophet" (S. 122).

Besonders dann im letzten Abschnitt „Der Stoffkreis der Theophanie" (§ 92 und 93) wird spürbar, wie sehr *Köhler* Dtjes. in der Ganzheit seiner Verkündigung, wie er diese Verkündigung als Einheit versteht:

„Der Stoffkreis der Theophanie bildet einen der großen Grundgedanken des Deuterojesaja. Israels Heimkehr nach Jerusalem ist nichts anderes als die Heimkehr des Lichtglanzes Jahwes, kābōd jhwh ... Jetzt ... kehrt er heim. Das ist die *eine* große, alles Heil erschließende Theophanie ... Das ist ... die Welttheophanie, die Wende der Zeiten, die Erfüllung des Heils. *Sie ist im Grunde das eine und rechte Hauptthema der ganzen Schrift* (Sperrung von mir). Ihre ersten Zeilen nennen die letzte Voraussetzung dieser Theophanie ... Ihre letzten Zeilen sprechen von demselben Gedanken: vom freudigen Heimzug Zions ... Und dazwischen keine Zeile, hinter der nicht dieser Gedanke der Welt- und Endtheophanie sich regte. Er füllt des Dichters Seele ganz ... Deuterojesaja ist nicht Dichter, er ist nicht mehr Prophet, er ist nichts als Seher des Heils. Deshalb die Wirrnis seiner Formen, die kühne Geschlungenheit seiner Gedanken, der unaufhörlich hin und wider wogende Strom seiner Rhetorik ... was er sieht und sagt, ist nur Eines, dem alle Teile, Worte, Gedanken, Anschauungen dienen, sein seherisches Soli Deo gloria: Jahwe enthüllt seine Macht und seinen Glanz ... So muß man Deuterojesaja verstehen ... Nur so versteht man ihn und auf keine andere Weise" (S. 124f.).

Dieser eindrückliche Abschnitt in *Köhlers* Arbeit zeigt sein Verständnis Deuterojesajas am klarsten. Dtjes. ist ihm der Künder der „Welt- und Endtheophanie Gottes". Als solcher ist er *eigentlich* nicht Prophet, auch nicht Dichter, sondern Seher, „Seher des Heils". Und was er sagt, ist *eines*: sein „seherisches Soli Deo gloria". Dem „Stoffkreis der Theophanie" entspricht die ergriffene Schilderung des vom Seher Geschauten.

Hier finden wir den Grund für das oben angemerkte auffällige Fehlen des Heilswortes unter den von *Köhler* behandelten Redeformen Dtjes.' Es ist in den „Ausdrucksweisen und Formen der Theophanie"

(S. 125ff.) enthalten. Er rechnet hierzu 40, 3—5. 6—8. 9—11; 41, 5. Den Satz „Fürchte dich nicht!" 41, 10. 13. 14; 43, 1. 5; 44, 2; 41, 27 bis 29; 42, 5—9. 10—13. 14—17; 43, 1—7; 44, 1—5; 45, 11—13. 14—17; 51, 5. 9—10; 52, 10; 53, 1 (damit wird 52, 13 — 53, 12 fest im Ganzen verankert).

In diesen Stellen sind die von *Begrich* so genannten „Heilsorakel" enthalten (41, 8—13. 14—16; 42, 14—17; 43, 1—7; 44, 1—5; 45, 14—17) aber auch ganz andere Stücke, auch Teile von Einheiten und einzelne Sätze. Das bedeutet auf der einen Seite: *Köhler* hat die für Dtjes. entscheidende oder zentrale Bedeutung dieser besonderen Heilsworte (die er Theophanien nennt) gesehen. Es bedeutet aber auch, daß er eine eigene *Form* für den „Stoffkreis der Theophanie" nicht gefunden hat; hier ist die Arbeit von *Begrich* ein klarer Fortschritt über *Köhlers* Arbeit hinaus; er findet eine Lösung, die sich hier schon andeutet.

Es muß weiter gesagt werden, daß *Köhlers* schöne und eindrückliche Darstellung Dtjes.' als des Sehers, der die „alles Heil erschließende Theophanie" (S. 124) schaut, in Spannung gerät zu dem ersten Abschnitt über den „Botenspruch und seine Abwandlungen". Das Reden des Boten ist — wie *Köhler* überzeugend zeigt — ein wesentlich und grundlegend anderes als das des Sehers. Eine ganze Reihe von Stücken, die S. 125f. als Formen der Theophanie angeführt werden, waren zu Anfang als Botensprüche bezeichnet worden (z. B. 42, 5—9; 44, 6—8; 45, 11—13: „ein formstrenger Botenspruch", S. 105). Beide eben gezeigten Schwierigkeiten weisen in die Richtung, in der das Fragen nach den Redeformen bei Dtjes. weitergehen mußte.

Hier setzt die Arbeit *Begrichs* ein. Nach *H. Greßmann* war sein Beitrag der wichtigste in der Erforschung der Sprache Deuterojesajas. Nach einem Hinweis in der Einleitung zu den Psalmen (*Gunkel-Begrich*, 1933, S. 178) hat *Begrich* die Gattung des Erhörungsorakels in einem Aufsatz in der ZAW 1934, S. 81—92 „Das priesterliche Heilsorakel" (Neudruck: Gesammelte Studien zum AT, Th. Büch. 21, 1964 S. 217—31) darstellt und für die formgeschichtliche Bestimmung einer großen Gruppe (24) von Texteinheiten bei Dtjes. ausgearbeitet und entfaltet in seinen „Studien zu Deuterojesaja", 1938, Neudruck München 1963. In seiner Arbeit von 1934 hat *Begrich* den Herkunftsort des „Erhörungsorakels" überzeugend nachgewiesen. Die Situation, aus der es erwachsen ist, beschreibt er so:

„Wenn ein einzelner, der im Heiligtum mit seinem Klageliede vor Jahwe getreten ist, seine Klagen und Bitten erschöpft hat, so tritt ein Priester auf, der, vielleicht auf

Grund eines Opferbescheides, sich an den Beter mit einem Orakel Jahwes wendet und, auf sein Klagen und Bitten bezugnehmend, ihm die Erhörung und Hilfe seines Gottes zusichert. Getröstet durch das göttliche Orakel, spricht der Betende nunmehr die Gewißheit seiner Erhörung aus und schließt mit den Worten des Gelübdes" (S. 82). *Begrich* begründet die Herkunft der Heilsorakel Dtjes.' aus dieser Situation damit, daß die Gattung weithin, oft Satz für Satz, den Sätzen der Klage des Einzelnen (seltener des Volkes) entspricht, und zwar in der Weise der Antwort auf diese. Ein wichtiges Merkmal dieses Erhörungsorakels ist ihm der einleitende Ruf „Fürchte dich nicht!". Er kann das mit einem Text außerhalb Dtjes.' belegen:

„Das Orakel beginnt gewöhnlich mit den Worten ‚Fürchte dich nicht!' (Jes. 41, 10. 13. 14; 43, 1. 5; 44, 2; 51, 7; 54, 4; Jer. 30, 10f. = 46, 27f.). Daß hier ein wesentliches Moment des Heilsorakels gegeben ist, bezeugt Threni 3, 57, wo die Erzählung der Erhörung des Gebetes eingeleitet wird durch die Mitteilung des Orakels: Du nahtest dich am Tag, da ich dich rief; du sprachst: Fürchte dich nicht!" (S. 83).

Aus dieser Stelle läßt sich ein der Klage antwortendes Erhörungsorakel erschließen, das mit den Worten „Fürchte dich nicht!" begann. Wenn dieser Nachweis noch einer Bestätigung bedarf, kann sie darin gefunden werden, daß *Begrich* hier genau das findet, was schon *Greßmann* im Blick auf diese Texte vermutet hatte: *Greßmann* unterscheidet von den „Verheißungen" die „Trostworte". Er sieht in ihnen noch keine selbständige Gattung; ihren Ursprung meint er in den Mahnworten finden zu können. Aber er erkennt darin schon die entscheidenden Merkmale des Erhörungsorakels:

„Bisweilen teilt er die Klagen des Volkes mit (40, 27; 49, 14. 24) ... Die Motive sind dieselben, wie sie uns in den öffentlichen Klageliedern des Psalters begegnen ... Aber während dort die Verzweiflung kein literarisches Echo findet, verkündet hier der Prophet die göttliche Antwort ... *Was ist das Trostwort ... anderes, als die prophetische Antwort auf die Klage des Volkes?*" (a. a. O. S. 275f.; Sperrung von mir).

Wenn damit das der Klage antwortende Heilsorakel sicher als eine hinter der Heilsbotschaft Deuterojesajas stehende gottesdienstliche Redeform erkannt ist, so ergeben sich Schwierigkeiten bei dessen näherer Bestimmung und infolgedessen bei der Frage, welche Texte ihm zuzurechnen sind. Sie zeigt sich in *Begrichs* Arbeit vor allem darin, daß er in seinem Aufsatz von 1934 nur 8 Texte[5] fand, denen das Heils- oder Erhörungsorakel zugrundeliegt, (41, 8—13; 41, 14—16; 43, 1—3a. 5; (44, 2—5); 48, 17—19; 49, 7. 14f.; 51, 7—8; 54, 4—8), dagegen in

---

5. Bzw. 10 Texte, wenn B. 43, 5 und 49, 7, wie es scheint, als selbständige Heilsorakel ansieht.

seinen Deuterojesajastudien (1938) 24 Texte zu dieser Form rechnet. Daraus ergeben sich eine Reihe von Unklarheiten. Es ist kaum möglich, daß die im Aufsatz von 1934 gefundenen Kriterien, nach denen ein Heilsorakel zu bestimmen ist, und die dort für 8 Texte zutreffen, ebenso für die 24 Texte zutreffen sollten, die in der Arbeit von 1938 als Heilsorakel bestimmt sind. Hierin sehe ich den Grund dafür, daß *Begrichs* so wichtige und gut begründete Entdeckung des Heils- oder Erhörungsorakels als einer schon vorliegenden Redeform, die Dtjes. für die Verkündigung seiner Heilsbotschaft aufnimmt und benutzt, in der weiteren Forschung so wenig zum Tragen gekommen ist. An dieser Stelle muß darum eine Weiterführung der von *Greßmann, Köhler, Begrich* u. a. begonnenen Arbeit einsetzen.

Außer dem Heils- oder Erhörungsorakel (a. a. O. S. 6—19) findet B. noch folgende Gattungen bei Dtjes.: die Gerichtsrede (S. 19—42), die Disputationsworte (S. 42—47), die lyrischen Gattungen (S. 47—50), dazu einige „seltener vorkommende Gattungen", wie kurze Anweisungen, Mahnworte, Instruktion eines Siegesboten u. a. (S. 50—55). Bei drei Texten ist ihm die Zuweisung zu einer Gattung ungewiß (S. 55 bis 60). Die wichtigsten dieser Gattungen sind schon vorher von anderen Forschern gesehen worden. Auf einzelnes braucht hier nicht eingegangen zu werden.

Im II. Kapitel unternimmt es *Begrich,* „Die zeitliche Folge der Texte Dtjes.'" herauszustellen. Einen großen Teil der Texte gliedert er auf zwei Perioden zweier verschiedener Heilserwartungen Dtjes.' Alle Worte, die von der „eschatologischen" Erwartung getragen sind, weist er der Zeit zwischen 553/52 und 547 zu, alle Worte, die die Wende vom Eingreifen des Cyrus erwarten, setzt er nach 547 an. Zwischen beiden Perioden habe sich ein Bruch in der Zukunftserwartung Deuterojesajas vollzogen. In dieser Scheidung zwischen zwei Epochen im Wirken des Dtjes. hat *Begrich* wenig Zustimmung gefunden. — Der zweite Teil der Studien bringt eine Entfaltung der Botschaft Dtjes.' in diesen beiden Perioden, nachdem vorher sein Verhältnis zur religiösen Überlieferung untersucht war. Es folgt noch ein Kapitel über die ebed-Jahwe-Worte und ihr Verhältnis zur Gedankenwelt Dtjes.'; das Schlußkapitel behandelt „Die Eigenart von Deuterojesajas prophetischem Selbstbewußtsein". — Die Frage nach der Komposition des Buches, nach dem Entstehen der uns jetzt vorliegenden Sammlung der Dtjes.-worte stellt *Begrich* gar nicht, auch nicht an der Stelle, wo sie für ihn besonders nahe gelegen hätte: wie es dazu kam, daß die Worte aus den von ihm angenommenen zwei Perioden durcheinander stehen. Für *Begrich* hat es die Exegese nur mit den kleinsten Einheiten zu tun. Daß die Heilsworte für die Verkündigung Dtjes.' die Mitte bilden und daß in ihrer Bestimmung die wichtigste Entscheidung über das Gesamtverständnis seiner Prophetie fällt, ergibt sich aus den Arbeiten *Greßmanns, Köhlers, Begrichs* u. a. sicher. Alle setzen sie stillschweigend voraus, daß die Heilsverkündung Dtjes.' aus der ihm vorangehenden Heilsprophetie nicht zu erklären ist; viele betonen, daß Dtjes., obwohl er Heilsprophet ist, durchaus in der Linie der vorexilischen Gerichtspropheten steht. Die Heilsworte Dtjes.' müssen also entweder eine ganz andere Herkunft haben oder aber sie sind ohne jede Vorgeschichte reine Neuschöpfung Deuterojesajas.

In die beiden Richtungen dieser Alternative fallen heute die Haupttypen der Dtjes.-Erklärung auseinander. *Begrich* hat eine ganz andere Herkunft der Heilsworte Dtjes.' nachgewiesen: im Heilsorakel, einer gottesdienstlich geprägten Redeform. Viele haben diese Erklärung angenommen, *von Waldow*[5a] hat sie nach der Seite der gottesdienstlichen Herkunft der Sprache Dtjes.' weitergeführt. Eine andere überzeugend begründete Herkunft der Heilsworte Dtjes.' ist bisher nicht nachgewiesen worden. — Die andere Erklärung sieht von der Herkunft bzw. Vorgeschichte der Heilsworte Dtjes.' ganz ab oder gibt ihr eine untergeordnete Bedeutung. Die Heilsworte Dtjes.' werden hier als prophetische Dichtung verstanden, die aus der Situation einerseits, der prophetisch-dichterischen Inspiration andrerseits erwuchs.

Diese Auffassung soll zunächst in einigen typischen Vertretern zu Worte kommen. Eine besonders scharfe und radikale Kritik erhält die formgeschichtliche Erklärung durch *Sidney Smith* (Isaiah Ch. XL—LV, Literary criticism and history, The Schweich — Lectures of the British Academy, London 1944). In der ersten Vorlesung gibt *Smith* einen kurzen Rückblick auf die Deuterojesaja-Forschung und geht hier besonders auf die formgeschichtlichen Arbeiten ein. Er stellt kurz *Greßmanns* Ergebnis dar und sagt:

„The units proposed by Greßmann, short as they are, have not been accepted; each new critical study produces a different set. The same fate has befallen the types (p. 8f.) ... Each new critical study provides a new lot. After 25 years Gattungsforschung is still engaged in changing the labels. The units are no more than paragraphs, the typenames not very reliable headings."

5a. *H. E. von Waldow*, Anlaß und Hintergrund der Verkündigung des Dtjes., Diss. Bonn, 1953.

Smith geht dann näher ein auf *Caspari*[6], der zugleich mit der Aufteilung des Buches in kleine Einheiten die Einheit des Verfassers bestreitet und das Buch in eine lose Reihe von Marschliedern, Pilger-, Fest- und Heimatliedern auflöst (ohne aber solche Liedgattungen ernsthaft nachzuweisen), dessen Ergebnisse er mit Recht ganz ablehnt. An *Elligers* Arbeit erscheint ihm positiv[7], daß die auch von ihm angenommenen kleinen Einheiten oft größere Zusammenhänge bilden.

Was nun jedoch *Smith* selbst über den literarischen Charakter von Jes. 40—55 sagt, ist nur recht allgemein und geht einfach zurück zu der vor der formgeschichtlichen Arbeit allgemein herrschenden Annahme eines rein literarischen Charakters von Jes. 40—55. Jes. 40—55 „besteht" nach ihm „aus Reden eines Propheten, die er in einem Zeitraum von 5 oder mehr Jahren gehalten hat, endend mit 538" (S. 20). Es können nicht nur spontan gehaltene Aussprüche sein: „These speeches are more carefully composed than spontaneous delivery would permit" (p. 20). Ihre Entstehung betreffend erwägt er die Möglichkeit:

„It is quite possible that messengers, mentioned in the text, were sent round to Jewish communities in Palestine and even among the exiles, each one to several, bearing a written copy of the prophet's last utterance . . ." (p. 20).

Auch in der Zusammenfassung (S. 22f.) stimmt er trotz seiner scharfen Kritik (s. o.), deren Berechtigung schwer bestritten werden kann, in dem entscheidenden Punkt den Forschern zu, die als Grundlage der deuterojesajanischen Sammlung voneinander unabhängige einzelne Reden oder Aussprüche des Propheten ansehen:

„The chapters (Is 40—55) were not a book, but a series of prophetic utterances . . . Wether all the utterances were necessarily so short or fell into traditional types, is open to doubt; but that each utterance is logically independent and must be judged by itself is one of the great advances due to recent work" (p. 22).

Wenn aber hiermit die unabhängige Entstehung der einzelnen Aussprüche (oder Reden) Dtjes.' zugegeben ist und ebenfalls die Tatsache, daß das Buch nicht eine Verschmelzung dieser Aussprüche zu einer neuen, andersartigen Einheit darstellt, sondern jene Unabhängigkeit einzelner Aussprüche bewahrt hat, bleibt die Frage nach diesen Einheiten weiterhin offen. Daß es bisher nicht gelungen ist, die Abgrenzung und den Charakter dieser Einheiten überzeugend zu bestimmen,

---

6. *Wilhelm Caspari*, Lieder und Gottessprüche der Rückwanderer (Jes. 40—55), BZAW 65, 1934.
7. *K. Elliger*, Deuterojesaja in seinem Verhältnis zu Tritojesaja, BWANT IV, 13, Stuttgart 1933.

darin kann man *Sidney Smith* zustimmen. Wenn er aber selber zugibt, daß diese Aussprüche als solche auf *Einzelworte* des Propheten (ob nun mündlich oder schriftlich) zurückgehen, die er in zeitlichem Abstand voneinander sprach oder schrieb, dann ist es methodisch gefordert, nach dem Charakter dieser Einzelworte zu fragen.

Es geht dabei nicht darum, vorhandene Zusammenhänge zu zergliedern und dann die mehr oder weniger willkürlich gewonnenen Einzelteile in ebenso willkürliche Fächer einzuordnen; — es geht vielmehr darum, die *vorliterarische* Funktion der Reden oder Aussprüche in den Zusammenhang zu stellen und sie aus dem Zusammenhang zu erklären, der — auch nach der Meinung von *Sidney Smith* — der wirkliche Entstehungsvorgang dieser Aussprüche oder Reden ist: der einmalig-besonderen Situation innerhalb der Geschichte Gottes mit seinem Volk, die gerade diese besondere Form prophetischer Aussprüche, die es vorher und nachher so nicht gab, bedingte.

Es sei hinzugefügt, daß die wichtige und bleibende Bedeutung des Aufsatzes von *Smith* in der II. und III. Vorlesung liegt. Die zweite: „History of the years 556—539" gibt die bis dahin ausführlichste und gründlichste Darstellung des historischen Hintergrundes der Prophetie Deuterojesajas; die dritte: „Some unrecognized historical material in Is. 40—55" versucht in einer ganzen Reihe von Texten, in denen das bisher nicht gesehen war, historische Anspielungen auf diesen Hintergrund zu finden.

Die These *Elligers*[8] stellt sich ganz entschieden auf den Boden der formgeschichtlichen Arbeit:

„Es ist das Verdienst *Greßmanns,* als proton pseudos aller Versuche, Jes. 40—55 ganz oder teilweise als geschlossene Einheit zu verstehen, das Hängen am Begriff der Bucheinheit nachgewiesen und diese Vorstellung gründlich zerstört zu haben. Die Arbeiten von *Köhler* und *Mowinckel* bewegen sich in derselben Richtung. Die literarische Analyse im Sinne der Gattungsforschung ergibt einwandfrei, daß die vermeintlich geschlossene Komposition in ein paar dutzend selbständig nebeneinander stehender Einheiten aufzulösen ist und daß nur von einer ‚Sammlung' die Rede sein kann" (S. 222).

Er ist aber von seiner besonderen Fragestellung her mit dem Entstehen und dem Charakter dieser selbständigen Einheiten gar nicht beschäftigt — hierzu begegnen wichtige Erkenntnisse und Beobachtungen in der vorangehenden Auslegung —, sondern mit dem Entstehen der Samm-

---

8. In dem Anm. 7 genannten Werk vor allem Kap. 6: ‚Folgerungen: Die Komposition von Jes. 40—55'.

lung, und das heißt mit einer literarisch-kompositorischen Frage. Er
fragt: „Liegt ... wenigstens dieser Sammlung eine Art Plan zugrunde?"
Und seine These gibt ihm dafür einen Anhaltspunkt: „Sollte die Stellung und Art der tritojesajanischen bzw. tritojesajanisch bearbeiteten
Stücke nicht einen Anhalt geben für die Erkenntnis ... der Anordnung
des Ganzen?" (S. 222—224). *Elliger* geht mit dieser Frage die Texte
durch und setzt sich dabei ständig mit *Mowinckel* auseinander[9], der die
Komposition des Buches so erklärt: Der Sammler (den auch *Mowinckel*
unter den Schülern Dtjes.' vermutet) hat die einzelnen selbständigen
Gedichte nach Assoziationen der Ähnlichkeit geordnet. In den meisten
Fällen nach Stichwörtern, manchmal nach Einleitungsformeln und
Anfangsworten, manchmal sachlich-inhaltlich. *Elliger* bestreitet besonders die Stichwort-Anordnung und findet stattdessen weitgehend einen
sachlichen Zusammenhang der Stücke miteinander. So findet er eine
sachliche Einheit in den 7 Stücken von Kap. 40 („In der Tat gehören
1. J. 3—5 und 6—8 sachlich eng zusammen als drei Auditionen, die
schon von Deuterojesaja zusammengestellt sein werden". S. 227). Ebenso sieht er einen sachlichen Zusammenhang der 6 Stücke von Kap. 41:
„Es besteht ein sachlicher Zusammenhang. Und zwar setzt sich der 40, 12ff. beginnende Gedanke fort ... Mit dem Abschnitt 41, 8—20 erreicht der 40, 12 einsetzende
Gedankengang ... seinen Abschluß ... (S. 231f.). Der mit 42, 10 beginnende dritte
Gedankengang läuft mit 44, 23 aus" (S. 242).
„51, 9—52, 2 (ist) keine Sammlung, sondern eine von vornherein beabsichtigte Komposition" (S. 265).

Dieses Aufzeigen von Zusammenhängen in Jes. 40—55 schwankt zwischen Zusammenhängen, die dem Sammler, d. h. Tritojesaja, schon vor-
lagen, die also auf den Verfasser, Deuterojesaja, zurückgehen, und
solchen, die dem die Einzelstücke ordnenden Plan Tritojesajas ent-
stammen. Es ist m. E. nicht einzusehen, warum die 7 Stücke von 40
teils von Deuterojesaja, teils von Tritojesaja zusammengefügt wurden.
Beide haben sachlich-inhaltliche Gesichtspunkte. Wenn ein Gedankengang gefunden wird, der Kap. 40, 12 einsetzt und mit 41, 20 abschließt,
— woran sollen wir erkennen, daß es ein durch die nachträgliche Zusammenstellung der Einzelstücke konstruierter und nicht ein von vornherein konzipierter Zusammenhang ist?
So ist es ganz verständlich, wenn etwa *Sidney Smith* und noch be-
tonter *Muilenburg* (s. u.) *Elliger* darin zustimmen, daß er wieder

---

9. *S. Mowinckel,* Die Komposition des deuterojesajanischen Buches, ZAW 1931,
S. 87—112.

größere gedankliche Zusammenhänge in Dtjes. gefunden hat, jedoch dabei von seiner eigentlichen These, daß diese Zusammenhänge nämlich keineswegs dem Dtjes. als dem Dichter, sondern dem Sammler zuzuschreiben seien, der sie erst aus geschickter Fügung unzusammenhängender Einzelstücke konstruiert habe, einfach absehen. *Elliger* hat diese Verkennung seiner These dadurch nahe gelegt, daß er von den sachlichen Zusammenhängen, die er findet, einige dem Deuterojesaja, einige dem Tritojesaja zuschreibt.

Recht deutlich zeigt sich die Schwierigkeit seiner These z. B. bei 44, 24—45, 7. Hier ist *Elliger* selber nicht sicher, ob er die Zusammenfügung von 44, 24—28 und 45, 1—7 auf den Dichter oder den Sammler zurückführen soll:

„Daß V. 1—7 nicht mit 44, 24—28 zu einer Einheit verbunden werden können (z. B. *Duhm*), ergibt sich schon durch die neue Einleitungsformel 45, 1, aber auch durch die verschiedene Form ... Und doch gehören die Stücke zusammen — durch den Inhalt ... Von der Linie der sachlichen Verknüpfung wäre der Sammler demnach auch hier nicht abgegangen. Eine Möglichkeit ist übrigens auch die, daß die Verbindung der beiden Stücke gar nicht auf Tritojesaja, sondern schon auf Deutereojesaja selbst zurückgeht" (S. 245).

Wenn *Elliger* hier schwankt, zeigt sich eine Unsicherheit in den Kriterien, nach denen die Arbeit des Sammlers eindeutig von der des Verfassers unterschieden werden kann.

Das Bedenken an dieser Stelle wird durch die vielen Wendungen verstärkt, in denen *Elliger* zum Ausdruck bringt, daß der Sammler zwar an einigen Stellen durch seine Zusammenstellung der Stücke klar erkennbare gedankliche Zusammenhänge schuf, an anderen aber durchaus planlos vorging: „Der Sammler ... eröffnet mit 41, 21—29 aufs Geratewohl eine neue Reihe" (S. 232). Zu den 5 Einheiten von 45, 9 bis 46, 13: „Offenbar hat er weiter ohne festen Plan gesammelt..." (S. 249).

In der Zusammenfassung des Ergebnisses wird dann noch eine wichtige Unterscheidung in der Arbeit des Sammlers vorgenommen. Von dem Aufbau der Sammlung als ganzer wird gesagt: „Der Fortgang der Sammlung geschieht ... nicht kettenartig, ... sondern abschnittweise" (S. 268). Davon wird unterschieden: „Die Anreihung der Einzelstücke erfolgt teils durch Auswahl nach übergreifenden Gesichtspunkten, ... teils ergibt sie sich aus dem Zufall", ... (S. 268).

Die sich so ergebenden Abschnitte sind folgende:

40, 1—11
40, 12—42, 9 (Neueinsatz hinter 41, 20)

42, 10—44, 23
44, 24—47, 15 (Neueinsatz hinter 45, 8)
48, 1—52, 12 (Neueinsatz hinter 49, 26)
52, 13—53, 12
54 und 55: Nachträge des Sammlers

Elliger und *Muilenburg* kommen darin zusammen, daß für beide die gedankliche Struktur und die gedanklichen Zusammenhänge entscheidend sind. Dies führt bei beiden zu ganz ähnlichen Ergebnissen trotz entgegengesetzter Voraussetzungen. Bei *Elligers* Erklärung der Komposition von Jes. 40—55 fällt besonders auf, daß seine Grundvoraussetzung, nämlich „die literarische Analyse im Sinn der Gattungsforschung" hier gar nicht mehr zum Tragen kommt. Die Gesichtspunkte des Sammlers, von denen er hier viel sagt, berühren niemals die Formen, den formgeschichtlichen Charakter der von ihm gesammelten Stücke. Für ihn ist wesentlich allein der gedankliche Gehalt. Es wird nicht erwogen, daß etwa der Sammler auch die Heilsorakel, die Gerichtsreden usw. je für sich hätte sammeln können.

Darum gehört *Elligers* 6. Kapitel, „Die Komposition von Jes. 40 bis 55", eigentlich auf die Seite der literarisch-gedanklichen Konzeptionen; der formgeschichtliche Gesichtspunkt, der bei *Elliger* in der vorangehenden Einzelexegese einen wichtigen Platz einnimmt, ist hier praktisch ausgeschieden.

S. Mowinckel: „Die Komposition des deuterojesajanischen Buches", ZAW 1931, S. 87—112 und S. 242—260. Wie wir sahen, entwickelte *Elliger* seine These zur Komposition des Buches im Gegensatz zu *Mowinckel,* dessen Auffassung schon kurz skizziert war. Diese These, daß der Sammler die einzelnen selbständigen Gedichte nach Assoziationen der Ähnlichkeit, besonders nach Stichwörtern geordnet habe, ist seither so vielfach und mit so mancherlei Argumenten bestritten worden, daß dies hier unterbleiben kann. Diese Arbeit hat jedoch einen sehr wichtigen Dienst getan. Zunächst muß zugegeben werden, daß sich aus einer konsequenten Aufteilung von Jes. 40—55 in sehr viele (40—50) kleine Einheiten eine These wie die *Mowinckels* zur Komposition des Ganzen eigentlich notwendig ergibt. Dabei ist das Mittel der Stichwörter gar nicht wichtig. Wichtig ist vielmehr, daß sich aus einer solchen Aufteilung als mögliche Ganzheit nur eine bloße Aneinanderreihung der Stücke ergibt. Und eben das hat *Mowinckel* durchgeführt. Darum ist sein Sammler, d. h. der Sammler, der all diese Stücke nach vielfach äußerlichen Gesichtspunkten aneinanderreihte, in sich verständlich; nach *Mowinckel* ist die Arbeit des Sammlers deutlicher unterschieden von der Entstehung der Sprüche, als das bei dem Sammler *Elligers* der Fall ist.

Daß *Mowinckel* hier wirklich klar unterschieden hat, scheint mir besonders deutlich seine Beurteilung von 40, 12—31 zu zeigen. *Mowinckel* versteht 40, 12—31 als Einheit, obwohl er ohne Schwierigkeit Stichwortverbindungen zwischen den Teilen 12—16. 17—20 usw. hätte finden können. Er sieht das Ganze als Streitgespräch, das in ein Trostwort ausmündet (S. 90). Hier ist nicht vom Gedanklichen, sondern von der Form her eine größere Einheit erkannt. Es wäre weiterzufragen, ob in 40—55 nicht mehr größere Einheiten dieser Art zu finden sind.

Mowinckel hat eine größere Einheit ausschließlich in 40, 12—31 gefunden. Im übrigen bleibt es bei den über vierzig selbständigen kleinen Einheiten, die bloß aufgereiht sind. Diese konsequente Durchführung der Erkenntnis ursprünglich selbständiger kleiner Einheiten in Dtjes. hat nun gerade bewirkt, daß eine Grenze jener Erkenntnis deutlich wurde. Jeder, der die Kapitel des Dtjes.-buches unbefangen liest, hat das Empfinden, daß es hier anders ist als bei Kapiteln vorexilischer Prophetenbücher, in denen kurze Prophetenworte aneinandergereiht sind. Dafür klingt die Sprache Dtjes.' einfach zu fließend. Man hat hier nicht den Eindruck von aneinandergerückten Blöcken. Die These, daß Dtjes. ursprünglich selbständige Sprüche zugrundeliegen, kann nur die *eine* Seite zeigen, sie zeigt aber noch nicht das Ganze des sprachlichen Bildes. *Mowinckels* Arbeit hat kaum Nachfolge bekommen; sie hat aber bewirkt, daß die Frage nach den Zusammenhängen im Dtjes.-buch neu in Fluß kam.

James Muilenburg, The book of Isaiah, Chapters 40—66, The Interpreter's Bible Vol. V. New York 1956. *Muilenburgs* Erklärung Deuterojesajas ist ein eindrückliches Beispiel der literarisch-gedanklichen Auslegung, mit dem besonderen Nachdruck auf dem Verstehen des Buches als einer großartigen, in sich einheitlichen Dichtung. Insofern steht *Muilenburgs* Kommentar in der Traditionslinie besonders von *Duhm* und *North*. Obwohl die Offenheit *Muilenburgs* für formgeschichtliche Fragestellungen und Gesichtspunkte bekannt ist, sind deren Einwirkungen auf diesen Kommentar gering. *Muilenburg* bestreitet nicht, daß der Verfasser von geprägten Redeformen beeinflußt war, sie sind jedoch nach seiner Meinung ganz in die Dichtung eingeschmolzen, bisweilen noch erkennbar (wie vor allem bei den Gerichtsreden) in ihrer Struktur, meist aber nur noch als Motive und Themen der Dichtung.

Er sieht in der formgeschichtlichen Arbeit an Dtjes. in erster Linie eine
Bestreitung der Einheitlichkeit, die ihm jedoch gewiß ist:

„The unity of 40—55 has been attacked ... by the majority of form-critics. These
scholars have properly attempted to understand the poems in the light of literary
type and form ... to resolve the materials into a large number of small units ...
(*H. Greßmann* 49, *L. Köhler* 70, *S. Mowinckel* 41, *P. Volz* 50, *J. Begrich* 70). Each
unit is said to exist independently by itself" (p. 384).

Den Versuch *Mowinckels,* die Komposition wesentlich aus Stichwort-
assoziation zu erklären, weist er als in sich unwahrscheinlich zurück
und „the form and style of the poems themselves ... argue strongly
against this theory" (p. 385).

Muilenburg stimmt *Gunkel* grundsätzlich darin zu, daß in der Literatur des AT literarische Gattungen und Formen verwendet wurden.
Aber die Aufteilung der Texte in die Gattungen sei sehr übertrieben
worden und die harte Kritik bei *Sidney Smith* sei vielfach berechtigt.
Und nun bringt er einen sehr wichtigen Gesichtspunkt gegen eine Zerteilung in viele kleine Einheiten:

„The literary problem of ch. 40—66 must be approached from the point of view of
the literary revolution which took place in Israel and perhaps in the Near East as
a whole toward the end of the 7th century. This movement ist perceptible in such
works as Dtn., Jer., Ez. and Dtjes. Here we often have a fusion of literary types,
a combination of several forms to make a whole" (p. 385).

Diese Beobachtung scheint mir richtig und für das Verständnis Dtjes.'
wesentlich zu sein. Aus ihr ergibt sich eine notwendige Korrektur der
von *Greßmann* ausgehenden Forschungslinie. *Muilenburg* begründet
auf diese Bestimmung der literarischen Gesamtsituation seine Grund-
these:

„*The poems are developed literary compositions*" (p. 391).

Und von hier aus wendet er sich scharf gegen die Zerteilung in kleine
Einheiten:

„The current atomization of the poems into fragments and pieces has been one of
the major difficulties in apprehending the true significance of the prophet in the
history of Israels's thought" (p. 391).

Darauf baut seine Erklärung der Komposition:

„The units are often more extensive than has been generally supposed. What are
construed as independent poems are in reality strophes or subordinate units in a
larger poem ... When the form and structure of the poems have been properly
understood, and the subordinate units of strophes or stanzas seen in their relation
to each other, it becomes easier to recognize the continuity of the poems ... When
we perceive the dominant themes the progress of thought becomes more intelli-
gible ... Even more important is the continuity of the prophet's thought ..." (p. 385).

Diese Darstellung der Entstehung und Komposition von Jes. 40—55 ist in sich klar und konsequent. Das Ganze hat den Charakter einer einheitlichen, in sich geschlossenen Dichtung. Sie besteht aus mehreren (21) Gedichten, diese sind in Strophen aufgebaut. Das Verhältnis der Teile zueinander und ihr Aufbau in sich ist gedanklich, von einem Gedankenfortschritt bestimmt. Dabei benutzt der Dichter auch über-kommene, geprägte Formen, aber diese sind so in das Ganze ver-schmolzen, daß sie zu Bestandteilen der Dichtung wurden und dabei ihre Selbständigkeit verloren. Der Gedankenzusammenhang und der Gedankenfortschritt ist bestimmt von den durchgehenden Themen und Motiven; hinter der Einheitlichkeit des Ganzen steht die Kontinuität des Denkens des Propheten.

Es kann nicht bestritten werden, daß damit die Einheit und Ganz-heit des literarischen Werkes überzeugend begründet und beschrieben ist. Es muß aber gefragt werden, ob darin noch der Zusammenhang mit dem prophetischen Wirken erkennbar ist. Was *Muilenburg* hier beschrieben hat, ist die Entstehung eines literarischen Werkes; dabei tritt aber stark in den Hintergrund die *Funktion,* die diese Worte in einer bestimmten Situation in Gottes Wirken an seinem Volk durch einen von ihm beauftragten Propheten hatten. Sind in dieser Situation wirklich die *Gedanken* des Propheten, ist für die Ganzheit dessen, was er zu sagen hat, die Kontinuität seiner Gedanken das Entscheidende? Und auf der anderen Seite: Für die Exilierten konnte das von Dtjes. Gesagte nur Bedeutung haben, wenn es sich um eine autorisierte Bot-schaft ihres Gottes handelte, wenn diese Worte ihnen als ihres Gottes Worte erkennbar waren. Aus diesem Grund haben die Worte des Propheten ihre Wirkung gehabt. Aus diesem Grund sind sie von den Exilierten und dann von der nachexilischen Gemeinde angenommen, weitergegeben und den Sammlungen der Prophetenworte eingefügt worden.

Es muß daher zunächst gefragt werden: Inwiefern und auf welche Weise sind die uns in dieser Gestalt überlieferten literarischen Kom-plexe Gottes an sein Volk in dieser Situation ergehendes Wort? — Das ist der eigentliche Grund des Fragens nach den Redeformen der Ver-kündigung Deuterojesajas. Es geht dabei nicht nur, wie *Muilenburg* es in dem diesen Abschnitt einleitenden Satz sagt, um „literary types and forms" (p. 385), sondern um vorliterarische Redeformen, Strukturen des gesprochenen Wortes, die aus bestimmten Vorgängen des Lebens der Gemeinschaft und des Geschehens zwischen Gott und der Gemeinschaft erwachsen sind und diese Vorgänge in Worte fassen. Entscheidend dafür ist, daß am Entstehen solcher vorliterarischer Redeformen, an ihrem Weitergeben, an ihrer Geschichte und den Veränderungen der Form während dieser Geschichte niemals nur der Sprechende, sondern immer auch die Angeredeten beteiligt sind. Ein Entstehen wie auch Tradieren solcher Redeformen ist nur in einer Gemeinschaft möglich. Sie tragen deshalb stets ein Stück des Lebens der Gemeinschaft in sich und mit sich. Eben darin wird das Aufnehmen bestimmter Redeformen durch den Propheten Deuterojesaja so wichtig: Im Aufnehmen und Gebrauchen dieser Formen stellt er sich in die Geschichte, die sie mitbringen. Für die seine Worte Hörenden bedeuten diese Redeformen das Zu-Wortekommen bestimmter Vorgänge ihrer eigenen Geschichte. Sie hören darin, was sie kennen, was ihnen vertraut ist. So wird es ihnen möglich, in diesen ihnen vertrauten Formen ein jetzt an sie ergehendes Gotteswort zu vernehmen.

Als ein zweiter Gesichtspunkt kommt dann die Frage nach der literarisch-poetischen Fassung hinzu. Daß diese gerade bei Dtjes. eine hohe Bedeutung hat, und man diese literarische Gestaltung als Dichtung bezeichnen kann, darin ist *M.* sicher zuzustimmen.

Ein Vergleich Dtjes.' mit Ezechiel kann das noch deutlicher zeigen. Für die „literarische Revolution" (385), in deren Zug *Muilenburg* die Schrift Dtjes.' sieht, führt er als ein Beispiel auch diesen Propheten an. Er wirkte etwa gleichzeitig mit Deuterojesaja (etwas früher) in der gleichen Situation und hatte etwa den gleichen Auftrag. Warum ist die sprachliche Fassung der Botschaft Deuterojesajas so völlig anders als die der Botschaft Ezechiels? Der weite Abstand zwischen Deuterojesaja und Ezechiel ist nicht bloß auf der literarisch-gedanklichen Ebene zu erklären, er liegt tiefer. Der eigentliche Grund dieses Abstandes drängt sich auf, wenn man die Botschaft beider Propheten in ihrer Ganzheit auf sich wirken läßt: Für Ezechiel ist das, was zwischen Gott und seinem Volk geschieht, ist Gottes Geschichte mit seinem Volk ganz entscheidend mitbestimmt von dem priesterlich-kultischen Element. Das zeigen nicht nur Kap. 40—48, sondern auch die die ganze Verkündigung Ezechiels durchziehenden Elemente priesterlicher Sprache[10]. Demgegenüber zeigt sich ebenso klar bei Deuterojesaja die beherrschende Bedeutung des Wortelementes des Gottesdienstes, also der

---

10. Das hat *Zimmerli* in seinem Kommentar zu Ezechiel besonders herausgearbeitet, Bibl. Kommentar Bd. XIII und dazu „Die Eigenart der prophetischen Rede des Ezechiel", Ges. Aufsätze S. 148—177.

Sprache der Psalmen. Die hohe Bedeutung der Psalmensprache für Dtjes. ist schon lange erkannt und von vielen behandelt worden. Von da aus ist zu fragen: Was bedeutet das in den Psalmen gefaßte *Geschehen*, also das, was in den Psalmen zwischen Gott und seinem Volk vor sich ging, für die Verkündigung Deuterojesajas? Was bedeutet das vielfache Anknüpfen an die Klage des Volkes und des Einzelnen? In welcher Weise und mit welcher Absicht hat er in so vielfältiger Weise das Gotteslob aus den Gottesdiensten der vorexilischen Gemeinde aufgenommen? Wo und wie hat er es abgewandelt? Wie verhält sich das Gotteslob zu seiner Botschaft als Prophet? Diese Fragen sind für das Verständnis der Verkündigung Deuterojesajas deswegen entscheidend, weil sie es mit der Autorisation seines Redens zu tun haben. Die Frage nach den Redeformen Deuterojesajas ist zugleich die Frage nach seinem Ort in der Geschichte des Handelns Gottes an seinem Volk und des Redens zu ihm. Sie muß der literarischen Fragestellung vorgeordnet werden, wenn man diese Kapitel als das nimmt, was sie zu sein beanspruchen: das durch einen Propheten zu einer bestimmten Stunde an Israel ergehende Gotteswort.

Ivan Engnell, The Ebed-Yahweh-Songs and the Suffering Messiah in Deutero-Isaiah, BJRL 31, 1948, p. 54—93. In tiefem Gegensatz zu allen bisher skizzierten Deutungsversuchen steht der von *I. Engnell.* Er bietet eine rein religionsgeschichtliche Erklärung. Das Ziel der Deutung des ebed und damit auch des ganzen deuterojesajanischen Buches steht ihm von vornherein fest. Es ist *Engnell* schon vorgegeben durch seine „Studies in Divine Kingship in the Ancient Near East" (Diss. Uppsala 1943) und viele andere Arbeiten, in denen er immer wieder auf seine Hauptthese zurückkommt. Es geht ihm auch in dieser Arbeit zu Dtjes. darum, die ebed-Lieder und möglichst viele andere Texte der „sacral-kingship-ideology" einzuordnen; diese Ideologie vereint die Tammuz-Linie und die Linie des Königskultes:

„One of the main purposes of my own dissertation was to show that the Tammuz-line and the royal cult line are in reality merely two aspects of one and the same thing; they are, ultimately, identical" (p. 56).

Zu zeigen, daß die ebed-Lieder zusamen mit ihrem Kontext, d. h. Jes. 40—55 in diese Linie gehören und nur aus ihr zu verstehen sind, ist die Aufgabe, die *Engnell* sich in diesem Aufsatz gesetzt hat. Da er die ebed-Lieder aus nicht-israelitischen „Ideologien" erklären will, muß er einen Einfluß dieser Ideologien auf Israel annehmen. Zu Anfang (S. 57) spricht er daher von dem „starken akkadischen Einfluß auf

Deuterojesaja", den viele andere Forscher auch annehmen. (Auch S. 68 spricht er von „direct Babylonian background of Dtjes.".) Gleich anschließend sagt er aber (S. 58): „We have the right to assume that it is not only a Babylonian but also, and foremost, an internal Israelite cultic reality whose ideological consequences are drawn out and applied to the expected Messiah . . ." Gegen Schluß seines Aufsatzes betont er diesen direkten Einfluß von Kanaan so, daß er den anderen verneint:

„We see now that it is not a question of a superficial influence from outside, from Babylonia, but of an idea autochthonic with the western Semites, too, inherently bound up with the sacral kingship pattern in Canaan, and taken over there by Israel" (p. 80).

Nachdem *Engnell* seine These an den Anfang gestellt hat, geht er in der Untersuchung aus von der Frage nach dem Umfang der ebed-Jahwe-Lieder und ihrer Beziehung zu dem sie umgebenden Text (S. 59f.). Hierbei hängt für ihn alles an der Annahme des traditionsgeschichtlichen Verständnisses im Gegensatz zum literarkritischen. Aus diesem ergibt sich, daß die ebed-Lieder im Zusammenhang mit ihrem Kontext stehen, nicht aber daraus zu lösen sind (*Duhm*). *Engnell* gibt dann aber gleich zu, daß dies auch solche Forscher bejahen, die das traditionsgeschichtliche Verständnis nicht angenommen haben (S. 61). Hierbei wendet sich *Engnell* besonders gegen *Mowinckel* und sein „atomistic view" und stellt fest:

„Scholars of most recent years tend . . . towards the uncontestable factual connexion between the Ebed Yahweh Songs and the surrounding textual sections from the point of view of language, as well as composition and ideology" (p. 62).

Engnell hält Jes. 40—55 für die prophetische Nachahmung einer Kult-Liturgie. Diese Traditions-Sammlung hat ihren besonderen Charakter

„. . . owing to its strictly consistent composition, given by its very nature of an imitation of an actual Annual Festival liturgy. Of this unity the Ebed Yahweh Songs, too, form integral and indispensable items" (p. 64).

Wie diese Nachahmung einer Jahresfest-Liturgie aufgebaut ist, wie der Aufbau des Dtjes.-Buches dem Aufbau der nachgeahmten Liturgie entspricht, wie das Verhältnis des Originals zur Imitation ist und was für ein Original anzunehmen ist, dem Jes. 40—55 entspräche, — das alles sagt Engnell *nicht*.

In den drei folgenden Abschnitten III, IV und V wird, jeweils von den ebed-Liedern ausgehend, Kap. 42—48; 49; 50—52 mit der Frage untersucht, welche Vokabeln oder Motive der Königsideologie sie aufweisen. Damit, daß *Engnell* in diesen Teilen des Buches auch außerhalb der ebed-Lieder Vokabeln und Motive der Königsideologie findet, meint er nachzuweisen, daß die Lieder mit ihrem Kontext (das sind jeweils 7, 3 oder 1 Kapitel) ursprünglich zusammengehören. Bei diesen Motiven und Vokabeln der Königs- oder Tammuz-Ideologie fragt *Engnell* nicht, welche Bedeutung sie je in ihrem Zusammenhang haben, es genügt ihm, sie aufzuspüren.

Er findet Züge der Königs-Ideologie dort, wo der Text von Jahwe spricht (42, 8f.; 43, 5ff.), vom ebed jhwh (42, 1ff.); vom Knecht als Bezeichnung Israels (42, 19), von Jeshurun als einer Bezeichnung Israels (44, 2), von Cyrus (44, 28; 45, 1ff.). In 43, 4 hält *Engnell* für möglich, 'ādām im Sinn von König zu verstehen, obwohl es durch das Parallelwort klar als Kollektiv ausgewiesen ist (wenn der Text nicht gestört ist); auf wen es sich beziehen soll, wenn es als „König" verstanden wird, ist nicht klar.

So hat *Engnell* reiche Möglichkeiten, die Königs-Ideologie zu finden. Sie kann sich auf Jahwe, den Knecht, auf Israel und Cyrus beziehen. Wenn in 43, 5ff. der Text sagt:

> „Fürchte dich nicht, denn ich bin mit dir!
> Von Aufgang will ich deine Kinder heimführen
> und vom Niedergang her dich sammeln . . .",

so findet *Engnell* hierin ein königlich-messianisches Motiv (s. o.). Es sei hier im AT „fast historistisch" interpretiert als sich auf die Exilierten beziehend. Die eindeutige Aussage des Textes: Jahwe verheißt seinem Volk, daß er die Gefangenen sammeln und wieder zurückbringen werde, wird von *Engnell* also als eine „fast historistische" Umdeutung einer ursprünglich auf den Messias-König im Kult bezogenen Aussage verstanden, die von Dtjes. vom König auf Jahwe übertragen wurde.

Wenn es schwierig ist, zu begreifen, daß sich bei *Engnell* seine Königs-Ideologie auf ganz verschiedene Subjekte beziehen kann, jeweils wo sie gerade begegnet, so muß man im Auge haben, daß alle diese Subjekte miteinander identisch sein können. Ebed Yahweh ist identisch mit dem Davidischen Messias (S. 92). Da der ebed Israel repräsentiert, kann er mit Israel identisch sein. Der Messias-König wiederum ist mit dem Gott identisch, den er repräsentiert. Auch die letzte, nun noch mögliche Identifizierung vollzieht *Engnell:* „. . . the king himself is, ideologically and in principle, the „primeval prophet" (p. 66, note 1). Er sagt das hier, um *Mowinckels* These abzuweisen, daß der Knecht in 42, 1ff. als Prophet gedacht sei. Auch sonst polemisiert *Engnell* scharf dagegen, daß sich in den ebed-Liedern irgendein prophetischer Einfluß zeige.

Wenn so jegliches prophetische Element in den ebed-Liedern abge-
wiesen wird, erhebt sich die Frage, was E. eigentlich meint, wenn er
Jes. 40—55 „a prophetic collection of traditions" (p. 64) oder „a prophetic imitation of a cult liturgy" (p. 64) nennt. Und warum diese
heftige Bestreitung der prophetischen Züge in den ebed-Liedern, wenn,
wie E. sagt, der König selbst, ideologisch und im Prinzip der Ur-
prophet ist?

Es muß noch eine Frage gestellt werden zu der von *Engnell* sehr
betonten Identifizierung von Knecht Jahwes und Messias. In Jes.
40—55 wird Cyrus als Jahwes Gesalbter bezeichnet, nicht aber der
ebed. Die Gleichsetzung des ebed mit dem Messias durch E. steht also
im Gegensatz zu dem eindeutigen Textbestand. Für E. ist das möglich,
weil er „messianisch" anders als in dem einfachen biblischen Wortsinn
versteht:

„I use here, as in my Studies, the term ‚messianic' . . . in the wider connotation of
‚elaborate royal ideology', of course implying in itself also the idea of the king as
‚saviour' . . ." (p. 90, n. 1).

Allein im VI. Abschnitt, in dem *Engnell* Jes. 53 behandelt, bringt er
reichlich Parallelen. Er zählt eine ganze Reihe von Ausdrücken auf,
die in den Tammuz-Liturgien das kultische Leiden und Sterben des
Gott-Königs beschreiben. Diese Parallelen sind überzeugend[11]. Die
Ähnlichkeit dieser Beschreibungen mit denen des Leidens des Knechtes
in Jes. 53 ist so auffällig, daß hier eine direkte oder indirekte Abhängigkeit anzunehmen berechtigt ist. An diesem Punkt kann ich daher
Engnell zustimmen. Die Folgerungen, die daraus zu ziehen sind, können sich nur aus einer ausführlichen Auslegung von Jes. 53 gegenüber
der der Tammuz-Liturgien ergeben[12]. Mit der Feststellung einer über-
einstimmenden „Ideologie" ist es nicht getan[13].

---

11. Es ist, worauf E. hinweist, schon von anderen auf diese Parallelen aufmerksam
gemacht worden; vgl. *F. M. Th. Böhl,* Der Knecht des Heeren in Jezaja, Haarlem
1923 und *J. Ph. Hyatt,* The sources of the Suffering Servant Idea, INES III, 3,
April 1944, p. 79—86.
12. Die sog. ‚Tammuz-Ideologie' ist in der neueren Forschung schwer erschüttert
worden; eine ganze Reihe von neueren Arbeiten hat gezeigt, daß sie so, wie *Engnell*
sie hier voraussetzt, nicht zu halten ist. Die wesentlichen Untersuchungen, die eine
Wandlung in der Sicht des Tammuz-Komplexes herbeigeführt haben, sind zusammengefaßt bei *O. R. Gurney,* Tammuz reconsidered, Some recent developments, JSS
Vol. 7, 2, 1962.
13. Der häufige Gebrauch dieses Begriffes bei *Engnell* wie auch bei manchen anderen
gegenwärtigen Forschern gibt zu der Frage Anlaß, ob er als ein Schlüsselwort der

Während E. nachdrücklich interessiert ist am Aufweis einer Ideologie in einzelnen Sätzen und in einzelnen Vokabeln, ist er merkwürdig wenig interessiert an der jeweiligen Textganzheit. Niemals fragt er in dieser Untersuchung nach dem Aufbau eines Textes und seiner Gliederung, nach dem Verhältnis der Teile des Textes zueinander, nach dem, was ein Text in seiner Ganzheit sagen will. So fragt er auch nicht nach dem Verhältnis der verschiedenartigen Bestandteile des Dtjes.-Buches zueinander. Z. B. kommt der ganze Komplex der Gerichtsreden zwischen Jahwe und den Göttern und der zwischen Jahwe und seinem Volk in seiner Untersuchung überhaupt nicht vor. Während eine Gruppe von über den Text verstreuten Aussagen als für das Ganze bestimmend erklärt wird, werden andere Texte auf weite Strecken beiseite gelassen.

Aus diesen Gründen ergibt *Engnells* Untersuchung für unsere Frage nach dem Aufbau und der Sprachform Dtjes.' leider gar nichts. Hätte *Engnell* wirklich im Dtjes.-Buch die Nachahmung einer prophetischen Liturgie nachgewiesen, hätte er zeigen können, daß die Bestandteile von Jes. 40—55 die Elemente der nachgeahmten Liturgie enthalten, hätte er erklären können, wo und wie sich die prophetische Nachahmung zeigt, dann wäre das eine neue und wertvolle These zum Aufbau Deuterojesajas gewesen.

Eva Hessler, Gott der Schöpfer. Ein Beitrag zur Komposition und Theologie Deuterojesajas. Diss. Greifswald, 1961.

Die Arbeit kommt, obwohl von formgeschichtlicher Bestimmung der Einzeltexte ausgehend, zu dem Verständnis des Dtjes.-Buches als einer einheitlichen und in sich geschlossenen Komposition.

„Das Buch bildet ein zusammenhängendes Ganzes und die Reihenfolge der Texte (einschließlich der ebed-Lieder) muß beibehalten werden. Dem Buch liegt eine Komposition zugrunde, die einer in sich geschlossenen theologischen Konzeption entspricht" (S. 295).

Die Einleitung geht von dem Problem des Schöpfungsglaubens in der Verkündigung Dtjes.' aus und stellt dann die Frage nach der Einheit des Buches. Der Hauptteil bietet A I. eine Untersuchung der Gattungen bei Dtjes. und erklärt II. das kompositionelle Gefüge auf Grund der Gattungsuntersuchung. Es folgt B eine Untersuchung der Motive und Motivgruppen, I. Verben, II. Bilder, III. Personen, IV. Das Bekenntnis und C Komposition und Theologie von Jes. 40—55. Dieser Teil

Auslegung alttestamentlicher Texte brauchbar ist. Es ist ein nicht nur der griechischen Sprache, sondern auch griechischer Denkstruktur entstammender Begriff, der dem alttestamentlichen Denken kaum gemäß ist.

enthält in I. und II. eine Einzelexegese des ganzen Buches 40—55. Es folgen III. Erläuterungen zur Komposition und IV. Die Theologie: a) die zentrale Bedeutung des 1. Gebotes, b) die Erwählung, c) die Geschichte, d) die Gottesherrschaft, e) der Gottesdienst, f) die Schöpfung und Erlösung.

Es handelt sich also nicht um eine Untersuchung des Schöpferglaubens bei Dtjes., sondern um eine Gesamtuntersuchung des Buches in den eben genannten Fragenkreisen, eine Einzelauslegung aller 16 Kapitel einschließend. Der Schöpferglaube hat in der Untersuchung keinen merkbaren Vorrang. Die Arbeit enthält gute und wertvolle Einzelbeobachtungen und Einzeluntersuchungen. Wie aber die Inhaltsangabe zeigt, hat sich die Verfasserin zu viel vorgenommen, das führt zu Überladung und Unklarheit. Der Abschnitt C IV., der das Fazit aller vorangegangenen Arbeitsgänge ziehen will, vermag nicht die Theologie Deuterojesajas auf einige klare Linien zu bringen, sondern bündelt so vielerlei zusammen, daß am Ende ein verworrener Gesamteindruck bleibt. Das ist um so bedauerlicher, als die guten und wertvollen Erkenntnisse, die die Arbeit enthält, in dieser allzu großen Fülle fast untergehen. Ich hebe die wichtigsten heraus:

1. H. hat erkannt, daß die Gattung des Heilsorakels nicht gleichmäßig über das ganze Buch verteilt ist, sondern in reiner Form nur im ersten Teil, später nur in erweiternden Abwandlungen begegnet (S. 34. 46). Zu diesem Ergebnis bin ich auch gekommen, bevor ich die Diss. von *Hessler* gelesen habe. Die Auflösung des Heilsorakels in Heilspredigt weist auf eine Ablösung vom ausschließlich kultischen Gebrauch (47). Die besondere Abwandlung des Heilsorakels in Kap. 51/52 ist durch die Komposition des Ganzen bedingt (S. 45).

2. Berechtigt ist H.s Kritik an der Bestimmung des Disputationswortes durch *Begrich* und *von Waldow*. Die Kritik geht aber zu weit, wenn sie das Disputationswort für Dtjes. überhaupt streicht. Richtig ist gesehen, daß 40, 12—31 als bewußte Komposition mit dem Ziel in 28ff. gemeint ist.

3. Wertvolle Bemerkungen finden sich S. 64ff. zum Verhältnis der ebed-Lieder zueinander und zu ihrem je besonderen Charakter (42, 1—4 wird als „Designation des Knechtes" bestimmt, wie ich es in meiner Vorlesung getan habe). Dagegen ist es nicht hilfreich, wenn diese Texte in der Gattungsuntersuchung als „offenbarende Rede" bezeichnet werden, gleichzeitig aber zugegeben werden muß, daß dies nur als eine

Sammelbezeichnung gemeint ist. Es sollte deutlich bleiben, daß es eine gemeinsame Gattung für alle ebed-Lieder nicht gibt.

4. Richtig ist die Erkenntnis zu den hymnischen Texten:

„Die Hymnen sind nicht beliebige Versatzstücke, sie begleiten vielmehr die Gedankenbewegung des Textes und gleichen sich ihr nach Form und Inhalt an" (S. 83). — „Der Vf. hat die Hymnen den Erfordernissen seiner Botschaft angepaßt. Er hat ihnen in der Gesamtkomposition eine tragende Rolle zugewiesen" (ebd.).

Ebenso die nahe Beziehung dieser Texte zum Heilsorakel. Was jedoch über die Struktur der Hymnen gesagt wird, beruht auf einem Mißverstehen meiner Arbeit „Das Loben Gottes in den Psalmen", die die Vf. anführt.

5. Zu den Gerichtsreden ist richtig erkannt, daß sie alle miteinander in einem sachlichen Zusammenhang stehen. Gut ist (gegen *Begrich*) gesehen:

„In diesem Verhör geht es nirgends um eine Anklage, die erhoben wird, um einen Rechtsbruch der untersucht werden müßte, sondern um einen Rechtsfall, der zu entscheiden ist" (S. 96).

Jedoch ist der Fall, an dem die Frage der Göttlichkeit sich entscheidet nicht, wie die Vf. darstellt, das Cyrusereignis als solches (S. 96), das sieht nur nach 41, 1—5 so aus; an allen anderen Stellen ist es der verläßliche Zusammenhang von Ankündigung und Eintreffen des Angekündigten.

Im ganzen hat mich die Gattungsbestimmung bei H. nicht überzeugt. Sie gebraucht eine ganze Reihe neuer Gattungsbezeichnungen (es werden 16 Sigla verwendet!), bei denen aber nicht immer klar ist, ob es Gattungsbezeichnungen im strikten Sinn oder nur zusammenfassende Bezeichnungen sind. Gattungen, Motive, Überschriften und Sammelbezeichnungen sind oft nicht klar voneinander unterschieden. Die Reihe III der Heilsorakel z. B. besteht gar nicht aus Texteinheiten, sondern aus Einzelversen, und hinterher wird gesagt, es handle sich nur um Motive. Es ist auch nicht gut, wenn eine Textgruppe mit tora bezeichnet wird, die mit der in der Gattungsforschung klar umrissenen Gattung tora nichts zu tun hat. Eine so lockere und vage Gattungsbestimmung ist kaum gegen den z. B. von *Sidney Smith* (s. o.) erhobenen Vorwurf gesichert.

Zur Komposition: Hier scheint mir ein besonderes Verdienst der Dissertation zu liegen. Es wird nach der Ganzheit der Verkündigung Dtjes.' gefragt und von da aus nach der Einheit des Buches gesucht (S. 298f.):

„Prolog und Epilog geben den äußersten Rahmen und entsprechen einander ... Nach dem Prolog ist ein weiteres vorbereitendes Stück 40, 12—31 ... Das Corpus des Buches ist 41, 1—55, 7 (oder 5). Die übliche Trennlinie bei 48, 22 ist beizubehalten ... Zwischen den zwei Hälften bestehen zahlreiche Entsprechungen ... Die Vorentscheidungen in 41, 1—42, 9 wirken sich auf das ganze Buch aus. Die Einleitung 42, 10—17, die Jahwes Kommen zum Gericht ankündigt, gilt für das ganze Buch. 48, 17—21 (22) bildet ein Übergangsstück zwischen dem ersten und zweiten Teil ...

Innerhalb des Corpus ist die Rahmenhandlung, die aus der Zionstradition im mythischen Sinn gewonnen ist, von der Darstellung der Glaubensgeschichte zu lösen, die sich an die Namen Jakob-Israel heftet (42, 18; 47, 16). Die Rahmenhandlung greift auf den Prolog über (40, 9—11). Sie wird 49, 14 wieder aufgenommen und bestimmt im Verband mit der ebed-Theologie den zweiten Teil des Buches. Ähnlich wird im ersten Teil in die Jakob-Israel-Texte das Cyrus-Ereignis mit eigenen Texten eingelagert" (z. T. gekürzt).

Auch wenn man dieser Darstellung nicht in allen Einzelheiten zustimmt, liegt hier eine wichtige und originelle Anregung vor, bei Anerkennung kleinerer Einheiten als Bauelemente doch nach größeren Zusammenhängen und Beziehungen der Teile des Buches zueinander zu fragen.

Zweiter Teil

REDEFORMEN UND AUFBAU DES DEUTEROJESAJABUCHES ·

Das Heilswort bei Deuterojesaja[14]

Die Heilszusage

Die Besprechung der Arbeiten *Begrichs* (s. o. S. 97ff.) hat nahegelegt, mit einer Untersuchung der Heilsworte einzusetzen. Ich stimme seiner Bestimmung des Heilsorakels als einer für Dtjes.' Verkündigung grundlegenden Redeform zu, halte es aber nicht für möglich, alle 24 Texte als Heilsorakel anzusehen, die er in den „Studien" dazu rechnet. Man kann dagegen von der Gruppe von Texten ausgehen, die B. in seinem Aufsatz von 1934 als solche bestimmte und die auch in den „Studien" (1938) eine besondere Gruppe bilden (s. o. S. 98). Von diesen enthalten

---

14. Eine gesonderte Untersuchung des Heilswortes bei Dtjes. von mir ist in EvTh. 7, 1964 S. 355—373 erschienen. Das Folgende ist eine kurze Wiedergabe dieses Aufsatzes.

6 Texte den Ruf „Fürchte dich nicht": 41, 8—13; 41, 14—16; 43, 1—4; 43, 5—7; 44, 1—5; (54, 4—6).

In dieser Gruppe kann mit Sicherheit der Grundbestand des Heilsorakels angenommen werden. Die Texte dieser Gruppe zeigen eine erstaunlich übereinstimmende Struktur. Ein Beispiel, 41, 8—13:

Anrede (mit Erweiterungen)
Heilszuspruch: Fürchte dich nicht!
Begründung a) nominal (ich bin mit dir, ich bin dein Gott)
             b) verbal (ich festige dich, ich helfe dir, perf.)
Folge (futurisch) für den Flehenden und gegen seine Feinde (Ziel).

Dieser Struktur entsprechen folgende Texte: 41, 8—13; 41, 14—16; 43, 1—4; 43, 5—7; 44, 1—5; (54, 4—6); dazu Anklänge an mehreren anderen Stellen. Die außerordentliche Strenge der diesen Texten zugrundeliegenden Struktur, bei weitgehender Freiheit in der Formulierung, weist auf eine diesen Texten zugrundeliegende feste Form. Hinter ihr steht ein gottesdienstlicher Vorgang: die durch einen Priester (oder Propheten? *von Waldow*) vermittelte Gottesantwort auf eine Klage. Die Worte selbst sind aber nicht mehr Kulttexte sondern freie Anrede an die Gemeinde.

Die einzelnen Teile:

I. Anrede: Angeredet ist durchweg Jakob-Israel im Parallelismus. Alle Heilsorakel ergehen in persönlicher Anrede, sie sind direkter Zuspruch. In den reichen Appositionen kommt der freie Charakter der Anrede zum Ausdruck. Es sind Appositionen zum Anredenden („der dich geschaffen...") oder zum Angeredeten („du, den ich erwählt..."); in beiden wird der jetzt ergehende Zuspruch auf das Fundament der bisherigen Heilsgeschichte gestellt.

II. Heilszuspruch: Der Ruf „Fürchte dich nicht!" ist nicht nur „Mahnung zur Furchtlosigkeit" *(Begrich)*, sondern mit ihm wird die Furcht beseitigt. Daß er den Kern des Heilsorakels darstellt, zeigt die Stelle Klgl. 3, 57, die das Ergehen eines Heilsorakels andeutet:

> „Du warst nahe, als ich dich anrief;
> du hast gesprochen: Fürchte dich nicht! ..."

Eine Erhörungszusage läßt sich auch noch hinter Gen. 21, 17 erkennen; auch hier ist sie mit dem Ruf „Fürchte dich nicht!" eingeleitet. Ein außerisraelitisches Beispiel, das sowohl den Vorgang wie die Grundstruktur des Heilsorakels eindeutig zeigt, ist der „Bericht über Gebete Assurbanipals an Nabu und die tröstlichen Antworten des Gottes" in Falkenstein - von Soden, Sumerische und Akkadische Hymnen und Gebete, S. 292f. Auch hier ist das Heilsorakel mit dem Ruf „Fürchte dich nicht!" eingeleitet. Ebenso in einer Sammlung von Orakelantworten, die Assarhadon empfing (ANET, S. 449f.).

III. Begründung: Sie hat zwei Teile: das Eingreifen Gottes und die Folge des Eingreifens (so auch *Begrich*). Der erste Teil jedoch ist in sich zweigliedrig; das erste Glied ist nominal („Ich bin mit dir" 41, 10; 43, 5; „du bist mein" 43, 1; „ich bin dein Gott" 41, 10; 54, 6;), das zweite verbal („Ich habe dich bei deinem Namen gerufen, dich erlöst", 43, 1; „Ich helfe dir" [perf.], „ich festige dich" [perf.] 41, 10. 14). Das erste Glied bringt die Zuwendung Gottes zum Ausdruck, das zweite erst sein Eingreifen. Diese Zweiteilung hat ihre Entsprechung in der zweigliedrigen Bitte im Klagepsalm. — Das Eingreifen Gottes im zweiten Teil ist fast durchweg in perfektischen Verben ausgesagt; sie bringen zum Ausdruck, daß das Eingreifen Gottes für den Flehenden im Augenblick des Zuspruches schon etwas Feststehendes, Abgeschlossenes ist. Diese perfektischen Verben zuammen mit dem Ruf „Fürchte dich nicht!" sind das für den Heilszuspruch Charakteristische. Er ist *keine* Ankündigung, sondern eine Zusage, die im Augenblick dieses Zuspruches den Wandel schafft, gerade so wie das beim Ergehen des Heilszuspruches an Hanna in 1. Sam. 1 geschildert wird. Es ist in ihm zwar eine Ankündigung impliziert und ihm kann daher eine Ankündigung angefügt sein, wie in Ex. 3, 7f. und wie hier im Folgeteil, jedoch ist der Heilszuspruch eine andere Form als die Heilsankündigung.

IV. Folge: Erst in diesem Folgeteil handelt es sich um Heilsankündigung; die Verben in diesem Folgeteil sind durchgehend imperfektisch. Eine Übersicht zeigt, daß diesen Sätzen des Folgeteils eine feste Struktur nicht mehr in gleicher Weise zugrundeliegt, die Sätze sind sehr verschieden. Wichtig ist vor allem *ein* Unterschied: Während der Hauptteil noch nichts für die Situation Israels im Exil Spezifisches und Konkretes enthält, sagt dies erst der Folgeteil, der Unheil für die Feinde und Heil für Israel ankündigt. Sätze wie „Ich helfe dir", „Ich bin mit dir" u. ä. sind etwas wesentlich anderes als die im Folgeteil hinzugefügten Ankündigungen wie „Vom Aufgang bringe ich deine Kinder . . ." oder „zu Schmach und Schanden werden alle, die wider dich streiten . . .".

V. Ziel: Eine Angabe des Ziels findet sich nur bei einigen Texten (43, 7; 44, 5; 41, 16b) und hat keine feste Form. Sie gehört nicht notwendig zum Heilsorakel.

Durch die Beschränkung auf die zu Anfang genannten wenigen Texte läßt sich die Form des Heilsorakels fester und eindeutiger bestimmen als bei *Begrichs* Versuch, alle Heilsworte im Dtjes.-Buch von dieser Form her zu erklären. Sie beruht auf einem Dtjes. vorgegebenen gottesdienstlichen Heilsorakel, das auf die Klage des Einzelnen hin erteilt wurde. Dtjes. hat es umgestaltet zu einer Heilszusage an Israel in seiner jetzigen Lage. Der Heilszuspruch ergeht in die *Gegenwart* der Angeredeten und ist in perfektischen Verben begründet: die entscheidende Wendung ist bei Gott schon geschehen, entsprechend den ersten Sätzen des Prologs 40, 1f.

Die Heilsankündigung

ist neben dem Heilsorakel (der Heilszusage) als eigene, selbständige Gattung bei Dtjes. nachzuweisen. Ein Beispiel ist 41, 17—20:

I. Angedeutete Klage: „Die Elenden suchen nach Wasser . . ."
II. Heilsankündigung
    1. Gottes Zuwendung: „Ich, Jahwe, erhöre sie . . ."
    2. Gottes Eingreifen: „Ich öffne auf den Kahlhöhen Ströme . . ."
III. Ziel: „damit sie es sehen und erkennen . . ."

Gegenüber dem Heilsorakel fehlt die direkte Anrede, es fehlt der Ruf „Fürchte dich nicht!". Während die Klage im Heilsorakel nur anklingt, ist sie hier am Anfang andeutend zitiert. Und zwar ist es hier die Klage des Volkes, während im Heilsorakel die Klage des Einzelnen vorausgesetzt ist. Auch hier gehört zum Hauptteil Gottes Zuwendung und Gottes Eingreifen, aber beides ist Ankündigung. Die Übereinstimmung des Folgeteils des Heilsorakels mit der Ankündigung des Eingreifens Gottes in der Heilsankündigung macht es verständlich, daß *Begrich* die beiden Gattungen nicht unterschied. — Zur Heilsankündigung in der eben gezeigten Struktur gehören an für sich stehenden Texten nur 41, 17—20; 42, 14—17; 43, 16—21; 45, 14—17 und 49, 7—12 (?). Doch begegnet die gleiche Struktur der Heilsankündigung außerdem in einer Reihe von Texten, in denen sie mit anderen Redeformen verbunden größere Texteinheiten bildet.

Kap. 49, 14—26 ist ein solcher größerer Zusammenhang, dessen drei Teile, 14—20; 21—23; 24—26 die gleiche Struktur haben und deren Einsätze in V. 14. 21 und 24 einander entsprechen. Nach diesen Sätzen scheint es ein Disputationswort zu sein, denn die Teile setzen jedesmal als Bestreitung einer von Israel erhobenen Behauptung ein. Die darauf gegebene Antwort aber hat die Struktur der Heilsankündigung:

I. Angedeutete Klage: „Und es sagt Zion: Jahwe hat mich verlassen . . ." (V. 14)
II. Heilsankündigung

1. Gottes Zuwendung: „Vergißt denn ... ich kann dich nicht vergessen ...“ (V. 15—16)
2. Gottes Eingreifen: „Deine Erbauer eilen herbei ...“ (V. 17—20).

Die beiden folgenden Teile sind in gleicher Weise aufgebaut. In V. 21 ist die Klage in eine ungläubig staunende Frage gefaßt, es ist die Klage der Kinderlosigkeit, wie wir sie z. B. aus den Threni als Israels Klage im Exil kennen. Der dritte Teil beginnt wieder mit einem Einwand Israels: „Kann man einem Helden die Beute entreißen?“ (V. 24). Die Antwort (V. 25. 26a) kündigt das Eingreifen Gottes gegen Israels Feinde an und es folgt das Ziel (26b), den Schluß des zweiten Teils ergänzend: „Und alles Fleisch soll erkennen, daß ich ...“.

49, 14—26 ist also *ein* großes Gedicht. Seine drei Teile setzen als Disputationswort ein, die Antwort auf die V. 14. 21. 24 von Israel erhobene Klage ist jedesmal eine Heilsankündigung. Daß es sich um eine geschlossene Komposition handelt, läßt sich in diesem Fall mit Sicherheit zeigen: Die andeutende Zitierung der Klagen je am Anfang der drei Teile sind nicht beliebige Klagesätze sondern bilden als die drei zusammengehörgen Glieder der Klage eine Ganzheit[15]:

V. 14 die Anklage Gottes: „Jahwe hat mich verlassen ...“
   21 die Ich (Wir)-Klage: „War ich doch kinderlos und unfruchtbar ...“
   24 die Feind-Klage: „Kann man einem Helden die Beute rauben? ...“

Die Heilsankündigung in den drei Teilen entspricht je der besonderen Seite der Klage. Hier hat Dtjes. die Heilsankündigung mit der Bestreitung (Disputationswort) verbunden zu einem Gedicht, einer dichterischen Komposition. Damit ist für die Sprachform der Prophetie Dtjes.' eine wichtige Entscheidung gefallen: sie enthält neben Worten wie den Heilsorakeln auch Kompositionen, die Elemente mehrerer Formen in sich enthalten. Für die Heilsankündigung ergibt sich, daß sie als gesonderte Form, daß sie aber auch mit anderen Formen verbunden vorkommt.

Eine andere Komposition liegt in 51, 9—52, 6 vor. Deren drei Teile 51, 9—16; 17—23; 52, 1—6 sind leicht zu erkennen an den Einsätzen, jeweils verdoppelten Imperativen:

51, 9: „Stehe auf! stehe auf! ziehe Macht an, du Arm des Herrn!“
   17: „Raffe dich auf! raffe dich auf! stehe auf, Jerusalem!“
52, 1: „Rege dich, rege dich! ziehe deinen Schmuck an ...!“

Für das Gedicht als ganzes hat die Volksklage Modell gestanden. Die

---

15. C. *Westermann*, Struktur und Geschichte der Klage, ZAW 1954, S. 44ff., s. u. S. 266ff.

Imperative 51, 9a sind einleitender Hilferuf, dem der Rückblick auf Gottes früheres Heilshandeln (9b—10) folgt. Dies könnte wörtlich der Anfang einer Volksklage sein. Durch das ganze Gedicht ziehen sich so viele Anklänge an die Volksklage, daß man daraus einen Volksklagepsalm rekonstruieren könnte. Er ist aber in eigentümlicher Weise aufgebrochen und umgewandelt in eine Ankündigung des Heils; die Imperative am Anfang des zweiten und dritten Teils sind gewandelt zu jubelndem Ruf an Jerusalem, der aus Trauer zur Freude ruft. Dabei erinnern doppelte Imperative, die Zion Befreiung zurufen, an das doppelte „Tröstet!" und die Kette der Imperative im Prolog. — 51, 9 — 52, 6 ist also eine Komposition ganz anderer Art als 49, 14—26. Auch sie ist in ihrer Mitte Heilsankündigung, die sich hier aber mit einer umgewandelten Klage und dem Ruf zur Freude verbunden hat.

Es kommen drei weitere, einander in manchem ähnliche Texte hinzu, in denen die Heilsankündigung den wichtigsten Bestandteil bildet: 46, 1—13; 48, 1—11 und 12—16. Alle drei Teile setzen die Ankündigung des Heilswirkens Gottes an Israel durch Kyros voraus und sind von daher bestimmt. Die Texte werden in diesem Zusammenhang später besprochen.

Kap. 54 und 55: In den letzten beiden Kapiteln ist die Heilsankündigung beherrschend. Sie hebt sich aber von aller vorangehenden Heilsankündigung deutlich ab. Bis Kap. 52 ist das angekündigte Heil im wesentlichen ein Akt oder eine Reihe von Akten; in 54f. dagegen richtet sich die Heilsankündigung auf ein neues *Sein* Israels. Während sich von der Ankündigung der Befreiung, des Auszugs, des Weges durch die Wüste, der Heimkehr kaum noch eine Spur findet, wird jetzt ein neuer Bund verheißen; in 54, 9—10 dem Noah-Bund, in 55, 3—5 dem David-Bund entsprechend. Dabei ist Bund als Stetiges, als neuer Zustand gemeint („ewiger Bund").

In den Teilen von 54f. läßt sich die Struktur der Heilsankündigung erkennen, auch wenn sie sehr frei verarbeitet ist. Auch hier gehen die einzelnen Abschnitte aus von der Klage des Volkes. Hinter 54, 1—3: „Juble, du Unfruchtbare . . ." steht die Klage der Kinderlosigkeit, verbunden mit der Schande der Witwenschaft (4—6). In V. 7—10 kommt Anklage Gottes hinzu: „Eine kleine Weile verließ ich dich . . .". Darauf folgt in jedem der Teile die Ankündigung der Zuwendung Gottes und seines Eingreifens, jedoch wird hier nicht ein Akt der Befreiung, sondern eine neue Heils*zeit* angekündigt (z. B. 55, 3b).

Zusammenfassung und Folgerungen

1. In den ersten Worten des Prologs wird der Auftrag gegeben, Gottes Volk zu trösten. Diesen Auftrag führt der Prophet aus, indem er seinem Volk verkündet, daß etwas geschehen *ist* (Heilsorakel oder Heilszusage) und daß etwas geschehen *wird* (Heilsankündigung). So gehören Heilszusage und Heilsankündigung sachlich zueinander, sie sind aber je besondere Redeformen und als solche voneinander zu unterscheiden, auch wenn sie Verbindungen miteinander eingehen können. Sie haben eine verschiedene Struktur und einen verschiedenen Ursprung. Die Annahme (*Begrichs* u. a.), der Heilsverkündigung Dtjes.' liege *eine* Redeform, das priesterliche (oder prophetische) Heilsorakel zugrunde und die verschiedenartigen Heilsworte bei ihm ließen sich als Varianten dieser einen Form erklären, läßt sich nicht halten.

2. Dtjes. fügt die Heilszusage und die Heilsankündigung in verschiedener Weise seiner Botschaft ein. Die Heilszusage hat eine sehr feste Struktur und bildet selbständige Einheiten. Sie begegnet fast nur innerhalb von Kap. 41—44. Die Struktur der Heilsankündigung ist lockerer. Sie begegnet auch als selbständige Einheit, überwiegend aber in größeren Kompositionen, in denen sie mit anderen Formen und Motiven verbunden ist. Sie zieht sich über das ganze Buch hin; die erste begegnet 41, 17—20, die letzte 55, 12—13. Während die Heilszusage eigentlich die Antwort auf die Klage des Einzelnen ist, ist die Heilsankündigung durchweg auf die Klage des Volkes bezogen. Man kann jedoch nicht sagen, daß entsprechend die Heilsankündigung die Gottesantwort auf die Volksklage darstelle; sie setzt eine solche voraus, ist aber zu locker und vielgestaltig, als daß sie als eine gottesdienstliche Form bezeichnet werden könnte.

3. Der Unterschied zwischen Heilszusage und Heilsankündigung läßt eine Vermutung in Bezug auf den gottesdienstlichen Vorgang hier und dort zu. Auf Grund des Tatbestandes bei Dtjes. können wir annehmen, daß die Gottesantwort auf die Klage des Einzelnen in Israel auf andere Weise gegeben wurde als die Gottesantwort auf eine Klage des Volkes. Jener entspricht eine priesterliche, dieser eine prophetische Vermittlung.

4. Die Art der Einfügung der Heilsankündigung in die Botschaft Dtjes.' ergibt, daß das Dtjes.-Buch *nicht* aus einer losen Aneinanderfügung einzelner Einheiten besteht, vielmehr läßt sich aus ihr eine kompositorische Arbeit mit Sicherheit erschließen. Z. B. sind 49, 14—26

und 51, 9—52, 6 bewußt komponierte größere Einheiten, in denen verschiedene Formen und Motive verbunden sind[16].
5. Die Heilsworte je in ihrer besonderen Gestalt sind nicht wahllos über das Buch verstreut. Die Heilsorakel in reiner Form begegnen nur in Kap. 41—44, überwiegend auch die Heilsankündigungen als selbständige Einheiten. Nach Kap. 45 steht die Heilsankündigung meist in größeren Kompositionen. In Kap. 46 und 48 ist sie auf die Berufung des Kyros und den Fall Babylons bezogen, in Kap. 54 und 55 zielt sie auf einen Heilszustand; die Kompositionen in 49 und 51f. haben je an ihrer Stelle ihren besonderen Sinn.
6. Dtjes. hat ihm vorgegebene Gattungen und Redeformen aufgenommen und benutzt; seine Verkündigung aber bildet aus ihnen etwas Eigenes, Neues, das durch Abwandlung, Verbindung und Komposition entsteht. Die Exegese muß die dem Dtjes. vorgegebenen Gattungen berücksichtigen, aber ebenso die kompositorische Gestaltung durch Dtjes.
7. Die Unterscheidung von Heilszusage und Heilsankündigung, die nicht nur für Dtjes., sondern für das ganze AT gilt[17], könnte von Bedeutung sein für das Problem des Redens vom zukünftigen und gegenwärtigen Heil im Neuen Testament. Es könnte der Klärung dienen, wenn auch hier der in die Gegenwart ergehende, perfektische Heilszuspruch von der futurischen Heilsankündigung unterschieden würde.

Das Disputationswort

Seit *Greßmann* ist von den meisten Forschern gesehen und anerkannt worden, daß Deuterojesaja die Redeform der Disputation benutzt. Auch darin ist man einig, daß diese Form in der Prophetie vor und nach Dtjes. zu finden ist: „Deuterojesaja hat auch diese Form, die andere Propheten vor ihm und nach ihm verwendet haben, aufgenommen"; so *Begrich* S. 42, der als Beispiele Am. 3, 3—6. 7—8; 9, 7; Jes. 10, 8—11; 28, 23—29; Jer. 8, 8 und Maleachi an verschiedenen Stellen aufführt[18].

16. Darin, daß Dtjes. solche Kompositionen enthält, in denen verschiedene Formen oder Gattungen zu einer neuen Einheit verbunden sind, stimme ich *Muilenburg* zu; vgl. besonders seine oben S. 107 zitierte Bemerkung dazu.
17. *C. Westermann*, The way of the promise through the Old Testament, in The OT and Christian faith, ed. by Anderson, New York 1963.
18. *Balla* bei Amos (Art. ,Amos' RGG²) außerdem: 3, 1f. 12; 5, 18—20; 6, 12.

Daß es in der Prophetie überhaupt die Redeform der Disputation gibt, ist sehr auffällig. In ihr tritt der Prophet aus seinem eigentlichen Amt, dem des Boten des Gotteswortes heraus. In der Disputation läßt der Prophet sich auf die Einwände, die Zweifel, die Gegenargumente seiner Hörer ein. Er stellt sich darin mit ihnen auf den gleichen Boden, auf dem Argument gegen Argument, Einwand gegen Behauptung steht. Sehr deutlich ist das zu erkennen in Jes. 28, 23—29, wo Jesaja ganz offensichtlich *nicht* als Prophet spricht, sondern im Vorbringen eines Gleichnisses (von der Arbeit des Bauern) auf Einwände eingeht, die gegen seine Botschaft erhoben wurden. Deshalb ist das Disputationswort in der Prophetie jeweils in seinem Verhältnis zur eigentlichen Botschaft zu bestimmen. Schon von daher ist klar, daß ein Disputationswort je aus der Situation zu verstehen ist, in der Einwände erhoben und Einwände bestritten werden. Es ist fraglich, ob man hier im eigentlichen Sinn von einer Gattung sprechen kann. Die von *Begrich* angeführten Texte sind so verschieden, daß man von ihnen zu einer klaren Gattungsbestimmung kaum kommt. Es genügt hier von der Redeform der Disputation zu reden.

Jedoch muß diese Bezeichnung gleich korrigiert werden; es handelt sich in diesen Worten niemals um eine exakte Wiedergabe einer Disputation oder eines Streitgespräches. Dazu gehörte ein einigermaßen erkennbares Gleichgewicht in den Stimmen der beiden Partner. Das ist aber hier nie der Fall. Genauer wäre diese Redeform als *Bestreitung* zu bezeichnen: in ihr wird ein Einwand, Zweifel o. ä., der gegen den hier Sprechenden erhoben worden ist, der aber in dem Wort selbst nur vorausgesetzt, angedeutet oder stark abkürzend zitiert wird, bestritten. In dieser Form reicht das Disputationswort bis in die Überlieferung von Jesus von Nazareth in den Synoptikern, wo es aber außerdem das wirkliche Streitgespräch gibt, in dem beide Partner redend auftreten. Weil es das eigentliche Streitgespräch also auch in der Bibel gibt (es begegnet auch im AT als ein Formbestandteil im Hiobbuch), sollte man doch wohl die ganz andere Form der *Bestreitung* von ihm unterscheiden. Spricht man von Bestreitungen, so ist damit einerseits deutlicher, daß es sich um eine Redeform handelt, die eine Fülle äußerst verschiedener Gestaltungen ermöglicht; andererseits, daß es sich in diesen Texten immer nur um das Wort der *einen* Seite handelt.

Die Bestreitung Deuterojesajas steht deutlich in der Mitte zwischen den Bestreitungen, wie sie in der vorexilischen Prophetie hier und da begegnen; eindeutig Mi. 2, 6—11; Jes. 28, 23—29 und dem Streitgespräch bei Maleachi, das dessen ganze Prophetie bestimmt (bei ihm nähert sich die Bestreitung dem Streitgespräch!)[19].

Bei den vorexilischen Beispielen ist die Bestreitung eine gelegentlich, aber sicher selten zu der eigentlichen Rede des Propheten hinzukommende Form; Jes: 28, 23—29 zeigt, wie hier der Prophet bewußt aus seinem sonstigen, eigentlichen Reden heraustritt. Bei Maleachi ist das prophetische Reden so mit dem disputierenden verschmolzen, daß das disputierende Reden die Oberhand bekommen hat. Bei Dtjes. unterscheidet sich zwar die Bestreitung deutlich von seinem anderen Reden im Heilsorakel, in dem er den Auftrag ausrichtet, Gottes Volk zu trösten; aber das disputierende Reden hat daneben eine wichtige und wesentliche Rolle, es ist auch in den beiden Hauptstücken eng mit dem Heilswort verbunden.

Begrich rechnet zu den Disputationsworten (a. a. O., S. 42ff.): 40, 12—17; 18—20 und 25—26; 21—24; 27—31; 44, 24—28; 45, 9—13; 18—25; 46, 5—11; 48, 1—11; 12—15; 50, 1—3.

Zu dieser Formbestimmung müssen zunächst zwei Einwände erhoben werden; 44, 24—28 konnte *Begrich* nur zu den Disputationsworten rechnen wegen der Frage am Ende von V. 24: „breite die Erde aus — wer ist (war) mit mir?". Bestreitung einer gegenteiligen Behauptung kann die Frage nicht sein; sie ist einfach eine rhetorische Form der Hoheitsaussage in der 1. pers. (Selbstprädikation). Sonst spricht in 44, 24—28 nichts für ein Disputationswort. Man muß also sorgfältig die bloß rhetorische Frage von der wirklich bestreitenden unterscheiden.

Der andere Einwand: Die Teile von Kap. 49, 14—26 sind offenkundig disputierende Rede; die Verse 14 und 15 sind geradezu als Musterbeispiel einer Bestreitung anzusprechen:

> „Und es sagt Zion: Jahwe hat mich verlassen,
>   der Herr mich vergessen!
> Vergißt denn eine Frau ihr Kindlein, ohn Erbarmen
>   mit dem Sohn ihres Leibes?
> Selbst wenn die es vergißt, — ich kann dich
>   nicht vergessen!"

Diese Texte sind mit Sicherheit dem Disputationswort zuzurechnen;

19. Vgl. C. *Westermann*, Grundformen … S. 144f.; *E. Pfeiffer*, die Disputationsworte im Buch Maleachi, EvTh. 12, 1959, S. 546—568. Auch bei Ez. spielt das Streitgespräch eine wichtige Rolle. Vgl. *Zimmerli*, Ges. Aufs. S. 178: „33, 10—20 ist eines der für Ezechiel charakteristischen Disputationsworte, in denen der Prophet von Jahwe den Auftrag bekommt, auf eine unter den Leuten umgehende Rede zu antworten."

Begrich beschreibt das Disputationswort auf S. 43 (zweiter und dritter Absatz) Satz für Satz genau 49, 14f. entsprechend! Jeder Nachprüfung der Ergebnisse *Begrichs* muß eine solche Unstimmigkeit auffallen. *Von Waldow* folgt auch hier der Formbestimmung *Begrichs* ohne diese Unklarheiten zu sehen.

Daß die Teile von 40, 12—31 zu den Disputationsworten oder Bestreitungen gehören, ist allgemein anerkannt; vor allem in 27—31 ist das einen Einwand bestreitende Reden evident. Nimmt man nun die Teile von 49, 14—26 hinzu, so ergibt sich ein auffälliger Tatbestand: beidemal begegnet die Bestreitung in einer Reihe oder in einer größeren Komposition; beidemal eröffnet diese aus Bestreitungen gebildete Komposition — oder diese Reihe von Bestreitungen — einen Teil der Sammlung (bzw. des Buches): 40, 12—31 (nach dem Prolog 1—11) die Kapitel 40—48; 49, 14—26 (nach dem ebed-Lied) die Kapitel 49—55.

Nun wird allerdings von *Begrich* angenommen, daß es sich in 40, 12ff. um einzelne, voneinander unabhängige Disputationsworte handelt. Aber schon *Greßmann* hat gesehen, daß es eine geschlossene und bewußte Komposition ist (s. o. S. 94), und dies läßt sich durch eine genauere Bestimmung noch erheblich unterbauen. Auch für 49, 14ff. läßt sich nachweisen, daß eine bewußte, geschlossene Komposition vorliegt (s. o. S. 120f.). An diesen beiden Stücken kann am klarsten gezeigt werden, daß *Begrichs* These einer Korrektur bedarf.

1. *Jes. 40, 12—31*

Die Bestimmung und Abgrenzung der Einheiten in 40, 12—31 ist schwierig und umstritten. *Haller*[20], *Mowinckel* und *Greßmann* haben 12—31 als einen Zusammenhang gelesen, *Volz* und *Duhm* (?) 12—26 und 27—31. Dagegen lesen *Köhler, Begrich, von Waldow, Balla*[21] die einzelnen Abschnitte als gesonderte Einheiten, wobei wieder die Abgrenzung verschieden ist. *Begrich* hat, über die vorangehenden Andeutungen und Versuche hinaus, das Streitgespräch oder Disputationswort bei Dtjes. als feste Gattung bestimmt und in seiner Struktur untersucht. Dabei hat er in einseitiger Betonung des Charakters der in sich geschlossenen Redeform im Kontext der Gattung nicht beachtet, daß hier Stücke der gleichen Gattung in einer Reihe begegnen. *Greßmann* dagegen, der von der gleichen formgeschichtlichen Voraussetzung ausging, hat gesehen, daß es sich um eine Komposition handelt.

20. Deuterojesaja, in Das Judentum, SAT II, 3, 1925, S. 25.
21. Art. ‚Jesaja' RGG².

Sehen wir zunächst die die einzelnen Abschnitte einleitenden Fragen an:

I. (12—17) 12: „Wer mißt mit der hohlen Hand ... Meere, Himmel, Erde, Berge?"
13f.: „Wer mißt den Geist Jahwes?"

II. (18—24) 18: „Und mit wem wollt ihr Gott vergleichen?"

III. (25—26) 25: „Und mit wem wollt ihr Gott vergleichen?"

IV. (27—31) 27: „Warum sagst du, Jakob, ... Mein Gott hat ...?"

Eine wirkliche Bestreitung enthält nur das IV. Stück, weil allein die IV. Frage die Position erkennen läßt, die hier bestritten wird. In V. 28—31 bestreitet der Prophet die in V. 27 zitierte Behauptung Jakobs = Israel, daß Gott sein Volk verlassen habe. Hier ist also die Situation, das Gegenüber der Partner und der Sinn der Bestreitung völlig klar. Welches aber ist die Position, die Dtjes. in den ersten drei Abschnitten bestreitet? Wollen denn die in V. 12 Angeredeten wirklich behaupten, daß man das Meer mit der hohlen Hand oder daß man den Geist Gottes mit menschlichen Maßen ermessen kann? Oder wollen sie behaupten (in Teil II und III), daß man Gott mit irgendetwas vergleichen könne? Doch gewiß nicht! Die Fragen, mit denen die ersten drei Abschnitte beginnen, sind rhetorische Fragen. Sie sind darin sehr klar unterschieden von der Frage V. 27. Daraus folgt aber notwendig, daß die drei ersten Stücke für sich genommen nicht als Disputationsworte bzw. Bestreitungen bestimmt werden können. Sie werden es erst dadurch, daß sie im Zusammenhang mit dem IV. Stück, 27—31 gesehen werden[22].

Versteht man die Teile I—III vom IV. Teil her, dann wird ihr Sinn und ihre Funktion sofort deutlich. Die in V. 27 Zitierten sind von V. 12 an angeredet. Von hier an wird die „Anklage Gottes" bestritten, die sagt „Mein Weg ist Jahwe verborgen, mein Recht geht an meinem Gott vorüber". Dies kann darin begründet sein, daß Gott seinem Volk nicht mehr helfen *kann:* das bestreiten die Teile I—III; oder darin, daß Gott seinem Volk nicht mehr helfen *will:* das bestreitet Teil IV. Erst so wird verständlich, welche *echte* Frage (bzw. welcher echte Einwand) hinter den rhetorischen Fragen 12f. 18. 25 steht; erst so wird verständlich, welche *Antwort* der Prophet in Teil I—III auf diese Fragen gibt, oder welche seine Gegenthese ist, mit der er die hinter den rhetorischen Fragen verborgene These der Angeredeten bestreitet.

---

22. *Begrich* konnte die Teile I—III (in anderer Abgrenzung) als selbständige, in sich geschlossene Disputationsworte bestimmen, weil er wie 44, 24—28 eine rhetorische Frage als Disputationsfrage ansieht.

Von Waldow hat daher zu diesen Stücken richtig beobachtet: „Eigenartig ist es, daß in dem Stück Jes. 40, 18—26 keine dieser in der Schlußfolgerung möglichen Formen zu erkennen ist . . . Nach V. 20. 24 und 26 müßte die Schlußfolgerung einsetzen, doch diese fehlt in allen drei Fällen. Das Stück Jes. 40, 18—26 ist also eine Sammlung von drei unvollständigen Disputationsworten, von denen jeweils der erste Teil erhalten ist" (S. 31f.).

In dem Stück 12—17 sieht er eine Schlußfolgerung in Vers 15—17; doch kann das angesichts der genau parallelen Verse 23—24, in denen *von Waldow* keine Schlußfolgerung finden kann, kaum standhalten. Der Charakter des Unvollständigen wäre also auf 12—17 auszudehnen. Allerdings ist eine „Sammlung von drei (bzw. vier) unvollständigen Disputationsworten" unwahrscheinlich. *Von Waldow* bestärkt durch seine Beobachtung nur die Zusammengehörigkeit von 12—31: erst von 27—31 her werden die vorangehenden Teile zu sinnvollen Gliedern eines Ganzen; die in den drei Teilen vermißte Schlußfolgerung wird *für das Ganze* in 27—31 gezogen.

Die drei vorangehenden Teile haben die Aufgabe, die in 27—31 ausgesprochene Bestreitung vorzubereiten. Damit der zweifelnden und verzweifelten Frage des Volkes (V. 27) entgegnet werden kann: Nein! Gott will sich deiner annehmen! muß der Prophet diese Antwort begründen mit einer Entgegnung auf den zweifelnden Einwand: kann unser Gott uns denn noch wirklich helfen? Diese Frage steht verborgen hinter Vers 12—26. Tatsächlich sind denn auch in 27—31 beide Antworten zusammengefaßt: die Entgegnung auf die Anklage (27) hat zwei Teile; auf die Frage weißt du es nicht? 28a antworten 28b und c, indem sie das in den vorigen Teilen von Gott Gesagte zusammenfassen. Verse 29—31 sagen das andere, bringen die andere Antwort: Gott *will* euch helfen. Bewußt berühren sich die beiden Antworten in 28c und 29a:

„Er wird nicht müde, er wird nicht matt . . ."
.Er gibt den müden Kraft . . ."

Die Frage: Kann unser Gott uns wirklich noch helfen? ist in den drei Teilen von 12—26 je auf eine besondere Anfechtung bezogen:

I. (12—17) „Siehe, Völker sind wie ein Tropfen am Eimer . . .
　　　　　Siehe: Inseln wiegen wie ein Staubkorn . . ."
II. (18—24) „Der die Herren zunichte macht,
　　　　　die Richter der Erde wesenlos macht."
III. (25—26) „Wer hat diese geschaffen?
　　　　　Der ihr Heer bei der Zahl herausführt . . ."

Die dem Helfen Jahwes scheinbar entgegenstehende Mächtigkeit ist die der Völker (I), ihrer Fürsten (II) und ihrer Götter (die Gestirngötter;

III). Entgegen der Versuchung der Völker in ihrer Größe, der Fürsten in ihrer Macht, der scheinbar sieghaften Gestirngötter verkündet Dtjes. den Müden und Verzagten die Majestät des Schöpfers und Herrn der Geschichte, der seinem Volk in seinem Erbarmen mit den Müden begegnet (IV).

Wenn aber das Ganze den Sinn einer Disputation, den Sinn einer Bestreitung hat, — was ist nun eigentlich das Argument? Worin besteht die Bestreitung der These derer, die sagen: Gott will oder kann uns nicht helfen (V. 27)? Hier, in der Antwort auf diese Frage liegt die eigentliche Lösung des Problems der Struktur von 40, 12—31, das wesentliche Argument für dessen Einheitlichkeit: Dtjes. entgegnet der in die Klage gefaßten Position, indem er sein Volk an *den* Gott erinnert, den sie in ihren eigenen Liedern besungen haben; er erweckt ihnen das vergessene Gotteslob. Hinter der Komposition als ganzer steht die Struktur des beschreibenden Lobpsalmes[23]. In ihm wird Gott gelobt in seiner Majestät (12—26) und in seiner Güte (27—31), und oft wird das Lob der Majestät nach den beiden Seiten entfaltet: er ist der Schöpfer und Herr seiner Schöpfung (so hier 12—17), — er ist der Herr der Geschichte (18—24). Der Teil III (V. 25—26) fällt da heraus; er ist bewußt hinzugefügt: entgegen der Anfechtung der babylonischen Gestirngötter weist Dtjes. sein Volk leidenschaftlich auf *eine* Seite des Glaubens an den Schöpfer (bzw. des Lobes des Schöpfers), die in ihrer jetzigen Lage eine ganz besondere Bedeutung bekommt: „Erhebt zur Höhe eure Augen! . . .“ Die hier in Babylon als Götter verehrt werden, sind ja in Wirklichkeit nur Geschöpfe; und Gott als der Schöpfer der Gestirne ist auch ihr Herr (26b).

So liegt also 40, 12—31 die Struktur des beschreibenden Gotteslobes zugrunde[24]. Es ist mit der ganz anderen Struktur der Disputation oder der Bestreitung in großartiger Weise zu einem neuen Ganzen verschmolzen, und zwar nicht bloß äußerlich, sondern so, daß in den beiden Hauptteilen des Lobpsalms: Gottes Majestät — Gottes Güte die Antwort auf die beiden in der Klage implizierten Fragen gegeben wird: Kann uns Gott nicht mehr helfen? Will uns Gott nicht mehr helfen?

23. *C. Westermann*, Das Loben Gottes in den Psalmen, ³1963, S. 91ff.
24. Von den meisten Auslegern wird gesagt, es lägen hier hymnische Züge oder gar ein Hymnus vor. Damit ist wenig gesagt. Entscheidend ist die Struktur des Gotteslobes, die erweist, daß Dtjes. hier als sein ‚Gegenargument‘ das alte, seinem Volk wohlbekannte Gotteslob erweckt.

So verstanden zeigt uns 40, 12—31 klar und fest umrissen einen bestimmten Teil des Wirkens Dtjes.': wir haben gesehen (s. o. S. 97f.), daß die Klagebegehung ein sicher erkennbarer Bestandteil des Gottesdienstes Israels nach der Katastrophe von 587 war. Ob und in welchem Maß in diesen gottesdienstlichen Zusammenkünften die alte Tradition des Gotteslobes, wie wir sie aus den Lobpsalmen kennen, weiterging, wissen wir nicht. Vielleicht war es ganz zum Schweigen gekommen, vielleicht war es nur noch Tradition, die nicht mehr wirklich lebte, die nicht mehr wirklich in die Gegenwart sprach. Hier ist es der Auftrag Dtjes.' das alte Gotteslob wieder zu erwecken, und zwar so, daß die alten bekannten Worte in der neuen Situation zu einem ganz neuen Sinn erweckt werden. So wie Dtjes. die Grundlinien des alten Gotteslobes auslegt, spricht es *in seiner Ganzheit* in die völlig veränderte Situation: Was es bedeutet, daß Gott als der Schöpfer gelobt wird, das wird ganz neu deutlich aus der neuen Erfahrung Israels als eines kleinen Restes inmitten eines riesigen Volkes in einem unendlich weiten Land. Dahinein vergegenwärtigt Dtjes. seinem Volk das Lob des Schöpfers:

> „Siehe, Völker sind wie ein Tropfen am Eimer, ...
> Siehe, Inseln wiegen wie ein Staubkorn ...“

Und genau so vergegenwärtigt er ihnen das Lob des Herrn der Geschichte „der die Herren der Erde zunichte macht ...“ und das Lob des Schöpfers der Gestirne (25—26) in einer so kühnen Freiheit von der beengenden und niederdrückenden Situation, daß wir noch unmittelbar aus diesen Worten spüren, was sie damals bedeutet haben müssen.

Es können jetzt schon zwei Folgerungen gezogen werden:

1. *Von Waldow* urteilt zum Ort der Disputationsworte Dtjes.': „Die Disputationsworte sind eine profane Gattung. Im Kultus ist kein Raum für Disputationen und Streitgespräche“ (S. 136)[25].

Kann man ein Gedicht, das so wie Jes. 40, 12ff. fast Satz für Satz die Sprache der Lobpsalmen spricht, eine „profane Gattung“ nennen? So einfach liegt es offenbar nicht. Es ist jedenfalls ein auf den Gottesdienst bezogenes Reden, das wir in Jes. 40, 12ff. antreffen. Es redet Israel als in einer bestimmten gottesdienstlichen Tradition stehend an: „Weißt du nicht? Hast du es nicht gehört?“ Es ist allerdings keine unmittelbare, direkte Verkündigung wie das Heilsorakel; es ruft die

---

25. Viel vorsichtiger sagt *Begrich:* „Das Disputationswort ist ... aus dem profanen Leben entlehnt“ — sicher mit Recht.

Gemeinde aus dumpfer Resignation, aus Zweifel und Verzweiflung zurück zum lebendigen Gotteslob. Damit hat es den Charakter der Paränese, entfernt der deuteronomischen Paränese ähnlich. Jedenfalls ist es *als Bestreitung* Anrede an die Gemeinde *als* gottesdienstliche Gemeinde.

Und die zweite Folgerung: Die hier gegebene Erklärung macht die Annahme einer reinen Gattung Disputationsrede für 40, 12ff. unmöglich. Zu deutlich sind die Elemente des Gotteslobes, mit denen das bestreitende Reden verbunden ist. Und das besagt wiederum, daß Dtjes. hier vorgegebene Formen, und zwar zwei weit voneinander entfernte vorgegebene Formen, zu einem eigenen Ganzen bildete, das weder in die eine noch in die andere einfach eingeordnet werden kann. Es ist etwas Neues und Eigenes, das Dtjes. aus beidem in dieser großartigen Komposition 40, 12—31 gestaltet hat.

2. *Jes. 49, 14—26*

Wenn irgendwo bei Deuterojesaja, dann liegt hier Disputationsrede, dann liegen hier Bestreitungen vor. *Begrich* hat die Teile von 49, 14—26 alle als Heilsorakel bestimmt (a. a. O., S. 6; 49, 14—21; 22—23; 24—26). Es bedarf keiner Widerlegung. Die ersten Sätze 49, 14f. können geradezu als Musterbeispiel einer Bestreitung angesehen werden (s. o. S. 126); und man kann dazu *Elliger* anführen, der richtig gesehen hat (a. a. O., S. 225): „V. 27—31 (Kap. 40) ... die genau wie das gleichgebaute Stück 49, 14—21 (Klage und Zurechtweisung) eine Einheit für sich bilden." Die formale und sachliche Nähe von 49, 14—21 zu 40, 27—31 drängt sich geradezu auf. Vers 14 ist fast gleich 40, 27 und 18a fast gleich 26. Ein bewußter Unterschied, auf den noch näher einzugehen ist, zeigt sich in der Anrede: dort Jakob-Israel, hier Zion (dazu *E. Heßler*, s. o. S. 117).

Nicht auf den ersten Blick erkennbar setzt 21—23 als Disputationswort ein:

> „Und du sagst in deinem Herzen:
> Wer hat mir diese geboren ...?"

Hinter dem ungläubigen Staunen dieser Frage des personifizierten Zion steht, hier schon in den Hintergrund gedrängt, die Klage der Kinderlosigkeit. Da der Einsatz in V. 21 formal mit dem in V. 14 übereinstimmt, ist sicher eine Parallelität der drei Abschnitte beabsichtigt.

V. 24—26 ist wieder deutlich als Disputationswort (Bestreitung) eingeleitet: die Frage, die bestritten werden soll, wird aufgenommen:

„Kann man einem Helden die Beute rauben,
oder entkommt der Gefangene des Starken?"

In allen drei Stücken folgt auf den Einwand (bzw. die Frage) Jahwes Antwort, die jedesmal ein Heilswort in der 1. pers. ist. Weil alle drei Stücke auf ein Heilswort in der 1. pers. hinauslaufen, hat *Begrich* sie zu den Heilsorakeln gerechnet. Es liegt wieder wie in Jes. 40, 12—26 eine bewußte Verbindung zweier verschiedener Formen vor: hier die des Disputationswortes mit der Heilsankündigung (teilweise der Heilszusage angenähert). Wir können also mit Sicherheit eine Entsprechung zwischen 40, 12—31 und 49, 14—26 konstatieren. Diese Entsprechung geht noch weiter: wie in 40, 12ff. den einzelnen Teilen die Strukturelemente des Lobpsalmes zugrundeliegen, so den Teilen in 49, 14ff. die Strukturelemente der Klage. Die Eingänge der drei Teile (s. o.) entsprechen den drei Gliedern der Klage, aus der heraus die Abwehr des Heilswortes kommt, bzw. in die diese Abwehr der Annahme des Heilswortes gefaßt ist (s. o. S. 121).

Daß jene drei Sätze der Klage Zions der wirklichen, gottesdienstlichen Klage entsprechen, läßt sich an Parallelen nachweisen. Die Verben in Vers 14 (entspr. 40, 27) begegnen häufig in der „Anklage Gottes" in Klagepsalmen, z. B. Klgl. 5, 20. Die Klage der Kinderlosigkeit genau in dem hier gemeinten Sinn findet sich Klgl. 1, 20b und der Feindklage entspricht etwa Klgl. 1, 14b. 16b. Auch V. 26 hat eine deutliche Entsprechung in Klgl. 4, 10. Durch die sachliche Zusammengehörigkeit dieser drei Glieder der Klage (s. o. S. 121) ist erwiesen, daß es sich auch in 49, 14—26 um eine bewußte Komposition handelt.

Was in 49, 14—26 eigentlich bestritten wird, ist das Bleiben Zions in der Klage, das Festhalten am Beklagen seiner Lage. Das Argument, das Dtjes. dem Behaupten der Klage, dem Sich-Einschließen in die Klage entgegensetzt, ist nicht wie in 40, 12ff. der Hinweis auf das Gotteslob, sondern hier ist es das Heilswort Gottes selbst. Darum wird die Entgegnung nicht als Wort des Propheten, sondern direkt als Gottes Wort gegeben (V. 22. 25). Dadurch ist die Verbindung von Bestreitung und Heilsankündigung hergestellt. Diese Verbindung spricht dagegen, daß es sich um ein rein gottesdienstliches Reden handelt (es ist ja bestreitende Anrede an Israel); jedoch auch hier ist die Verbindung mit der gottesdienstlichen Sprache (Klage und Gottes Antwort auf die Klage) so eng, daß dieses Reden in Verbindung mit dem Gottesdienst gesehen werden muß. Auch hier sei vorgeschlagen, es der Paränese zuzuordnen, im besonderen dem paränetischen Zuspruch.

Weitere Disputationsworte (Bestreitungen) bei Dtjes.: *Begrich* rechnet außerdem zu ihnen: 45, 9—13; 18—25; 46, 5—11; 48, 1—11; 12—15; 50, 1—3.

Von diesen Stücken scheidet 50, 1—3 aus, da es die Sprache der Gerichtsreden spricht. 45, 9—13 ist wegen der Wehe-Worte, die es enthält, ein Gebilde eigener Art. V. 11—13 gleichen einem Disputationswort. Es ist so nahe auf 45, 1—7 bezogen, daß es im Zusammenhang mit diesem Stück behandelt werden soll. 45, 20—25 gehört zu den Gerichtsworten. Die Verse 18—19 klingen an die Bestreitung an. Es ist aber fraglich, ob sie eine selbständige Einheit sind. Es ist später zu zeigen, daß sie den größeren Komplex 45, 20—25 und 46, 1—13 einleiten. Nur in diesem Zusammenhang kann auch der Anfang von Kap. 46 behandelt werden. Um ein reines Disputationswort handelt es sich jedenfalls nicht; ebenfalls nicht in Kap. 48, das wiederum im Zusammenhang mit Kap. 46 gesehen werden muß. Es können dann Anklänge an die Disputationsrede oder Bestreitung in 45, 11—13; 45, 18—19, in Kap. 46 und 48 und in 55, 8 gesehen werden. Die Gerichtsreden Jahwe-Israel 42, 18—25; 43, 22—28 und 50, 1—3 stehen dem Disputationswort oder der Bestreitung nahe.

Die Gerichtsreden

Bei den Gerichtsreden sind zwei Gruppen zu unterscheiden: in der einen stehen einander gegenüber (vor Gericht) Jahwe und die Völker (oder deren Götter), in der anderen Jahwe und Israel. Die zweite begegnet nur ein paarmal (43, 23—28; 42, 18—25 [?]; 50, 1—3); die andere ist neben den Heilsorakeln die häufigste und am deutlichsten ausgeprägte Redeform. Auf die Vorgeschichte der Form kann hier nicht eingegangen werden. Es sei dafür verwiesen auf *Köhler, Begrich* und die Dissertation von *H.-J. Boecker*, Redeformen des israelitischen Rechtslebens, Diss. Bonn 1959. Die Sprache des Rechts und die Rechtsvorgänge gehören im alten Israel von den ältesten Zeiten bis zur Spätzeit so sehr zum Dasein in all seinen Formen des gemeinsamen Lebens hinzu, daß ganz von selbst auch das Verhältnis Gottes zu den Menschen vielfach und auf vielerlei Weise in die Sprache und die Sprachformen des Rechts gefaßt wurde. So sind die Gerichtsreden als solche nichts für Deuterojesaja Spezifisches; das Besondere ist der Zusammenhang, in dem er sie gebraucht.

1. Gerichtsreden Jahwe — die Völker

Die Verteilung der Texte, die zu diesen Gerichtsreden gehören, ist wieder nicht zufällig. Sie gehören demselben Teil des Buches an, zu dem auch die reinen Heilsorakel gehören, Kap. 41—44: 41, 1—5; 41, 21—29; 43, 8—15; 44, 6—8. Dazu kommt 45, 20—25, das von den anderen in einem wichtigen Punkt abweicht (dazu vielleicht 45, 11—13). In diesen Gerichtsreden enthält das Dtjes.-Buch insofern ein höchst eigenartiges und auffälliges Element, als — in deutlichem Abstand zu allen sonstigen Prophetenworten, in denen sich auch die Gerichtsrede spiegelt — die Rechtsverhandlung als solche so plastisch heraustritt, daß der Hörer dieser Worte sich in die Rechtsverhandlung hineinversetzt fühlt. Und eben in ihrer szenischen Kraft und Plastik liegt die Eigenart der Gerichtsreden bei Dtjes. Darin soll doch offenbar deutlich werden: was hier zwischen den Rechtspartnern vorgeht, ist wirklich Geschehendes. Es geht hier *nicht theoretisch* darum, wer im Recht ist, die Götter der Völker oder Jahwe, es geht um einen *Vorgang,* der sich in diesen Worten abspielt: daß nämlich *jetzt* der Anspruch der Götter der Völker als nichtig erklärt wird. Von einem „Sitz im Leben" dieser Gerichtsreden wird man kaum sprechen können[26]. Was Dtjes. darstellt, ist die Auseinandersetzung zwischen Jahwe und den Göttern der Völker; etwas für das Denken des alten Israel Unmögliches und Undenkbares. An die Stelle der bis dahin allein möglichen „Auseinandersetzung" im Krieg Jahwes mit den Israel feindlichen Göttern tritt jetzt, wo Israel kein Staat mehr ist, die rechtliche Auseinandersetzung. Da sie nicht als gedanklich-geistig, sondern als geschehend gemeint ist, wird sie als Rechtsverhandlung dargestellt.

Die Struktur der Gerichtsrede ergibt sich aus dem Vorgang von selbst: I. Vorladung, II. Verhandlung, III. Urteilsspruch oder Entscheidung. Dabei gliedert sich die Verhandlung nach a) den Reden der Parteien, b) der Vernehmung der Zeugen. Eine noch weitergehende Gliederung und Differenzierung wird man deswegen besser nicht vornehmen, weil es sich um eine stark *abstrahierende* Stilisierung, nicht um eine Nachahmung der Rechtsakte handelt und daher alles von der Sache abhängt, die in diesen Rechtsverhandlungen dargestellt wird. Ich kann hier *Begrich* nicht zustimmen, der viel zu direkt die Rechtsvorgänge als solche nachgeahmt findet und danach die Einzelvorgänge

---

26. Besonders in *von Waldows* Arbeit zeigt sich die Unsicherheit bei dem Versuch, einen solchen zu finden.

genau erkennen zu können meint: die Appellationsrede des Ange-
schuldigten und des Beschuldigers, die Rede des Klägers und des Ange-
klagten und die Rede des Richters.

Vor allem aber scheint mir *Begrich* (ihm folgt *von Waldow)* an einem
Punkt den Gegenstand dieser Gerichtsreden verkannt zu haben: er setzt
voraus, daß es um eine strafrechtliche Verhandlung geht (das zeigen
die oben wiedergegebenen Einzelvorgänge). Bei der Gruppe der Gerichtsreden, in denen sich Jahwe und die Götter gegenüberstehen, geht
es keineswegs darum, daß einer der Partner ein crimen, ein Vergehen
beging und dessen von der anderen Seite beschuldigt wird[27]. Es stehen
sich vielmehr zwei Ansprüche gegenüber; in der Gerichtsverhandlung
geht es darum, auf welcher Seite das Recht auf diesen Anspruch ist.
Man kann also nicht eigentlich von Beschuldiger und Beschuldigtem,
von Kläger und Angeklagtem reden (z. B. *von Waldow* S. 43: „Angeklagt ist also die Völkerwelt"). Mit dieser strafrechtlichen Terminologie kommt etwas dem Vorgang ganz Ungemäßes in die Auslegung
dieser Stellengruppe hinein. Um welchen Anspruch es geht, wenn sich
Jahwe und die Götter der Völker (oder diese Völker als Verehrer, als
Diener der Götter) gegenüberstehen, läßt sich von vornherein ver-
muten: Wer ist wirklich Gott? Wer kann zu Recht den Anspruch auf
Göttlichkeit erheben? Welche epochale Bedeutung diese Auseinandersetzung hat, soll am Schluß angedeutet werden.

I. *Die Vorladung:* 41, 1; 41, 21f.; 43, 8f.; 44, 7; 45, 20f. Die Imperative der Vorladung am Anfang aller Stücke bringt ihren dramatischen
Charakter zum Ausdruck. Diese Sätze machen es besonders klar: es
handelt sich um jetzt Geschehendes, nicht um gedankliche Erwägungen,
die theoretischer Natur und zeitlos wären. Die wichtigsten Züge an
dieser Vorladung sind:

1. Das Gegenüber der Parteien ist jedesmal das gleiche: die eine Partei
ist Jahwe mit Israel (als Zeugen), die andere Partei sind die Völker
und ihre Götter.

2. Ebenfalls ist in allen fünf Gerichtsreden gleich, daß die Führung
der Gerichtsverhandlung bei Jahwe liegt, obwohl er auch Partei ist.

3. In der Vorladung wird stark betont, daß *die andere Seite* zu Wort
kommen soll: sie soll ihre Argumente und Beweise vorbringen:

---

27. Das hat *E. Hessler* s. o. S. 116 richtig gesehen.

41,   1: „Sie sollen hervortreten, dann reden …"
41, 21f.: „Bringt euren Streit vor, … bringt eure Beweise heran,
          Sie sollen vorbringen und uns aussagen über das, was begegnet."
43, 8f.: „Sie sollen ihre Zeugen bringen,
          daß sie recht bekommen,
          daß man höre und sage: es stimmt!"
44,   7: „… der soll hervortreten und sprechen,
          Er soll es künden und mir vorlegen!"
45, 20f.: „Tut kund und bringt vor!"

In auffälliger Betonung wird in allen Stücken der Gerichtsreden dieses
ganz Neue proklamiert: die Völker, bzw. deren Götter, werden als
Rechtspersonen anerkannt. Als solche sollen sie vor Jahwe zu Gehör
kommen. Er ist bereit, in der Sache, um die es geht, ihre Argumente
anzuhören und zu prüfen.

4. Beide Parteien werden aufgefordert, ihre Zeugen zu stellen und
vorzuführen. Es geht also in dem Rechtsanspruch, der von beiden
Seiten erhoben wird, um Erstellung eines Tatbestandes, für den Zeugen
beigebracht werden können. Von den Zeugen wird nur in 43, 9c. 10
und 44, 8b gesprochen.

II. *Die Verhandlung.* Stellt man in den fünf Texten den Rechtsanspruch der Götter und den Rechtsanspruch Jahwes nebeneinander, so
zeigt sich eindeutig als der beherrschende Punkt das Ankündigen des
Kommenden:

	Die Götter der Völker	Jahwe
41, 21—29	Das Frühere tut kund, was es war, oder laßt uns das Zukünftige hören! daß wir wissen, wann es eintr:fft; Sagt, was künftig kommen wird, und wir wollen erkennen, daß ihr Götter seid!	Als erster hab ich es Zion gekündet, und Jerusalem den Freudenboten gegeben
43, 8—15	Wer unter ihnen hat dies gekündet und das Frühere hören lassen?	Ich habe es gekündet und hören lassen
44, 6— 8	Wer läßt von uran das Kommende hören? und was kommen wird, sollen sie uns künden!	Habe ich es nicht längst hören lassen und verkündet?
45, 20—25	Wer hat dies vorlängst hören lassen, hat es längst gekündet?	War ich es nicht, Jahwe?

Zwei Parteien erheben den gleichen Anspruch (auf eine Sache oder ein Amt); in der Gerichtsverhandlung geht es darum, auf welcher Seite das Recht zu diesem Anspruch liegt. Der Anspruch, um den es hier geht, ist das Gottsein oder die Göttlichkeit. Das ist in 41, 21—29 direkt ausgesprochen: „und wir wollen erkennen, daß ihr Götter seid!" Das, was die Göttlichkeit, was das Gottsein ausmacht, oder das, woran man es erkennen kann, ist das Ankündigen des Kommenden. Das ist der eigentlich bedeutsame Punkt bei der Gruppe der Rechtsverhandlungen (oder Gerichtsreden): man erwartet, daß das Wirken der Götter bzw. Jahwes mindestens gleichgewichtig neben dem Ankündigen das Gottsein erweist. Dies war die allgemeine Überzeugung (nicht nur in Israel, sondern auch bei den Völkern) bisher. Sie kommt z. B. zu einem sehr eindrucksvollen und plastischen Ausdruck in der Rede des Feldherrn Sanheribs bei der Belagerung Jerusalems Jes. 36, 18ff.:

„Laßt euch von Hiskia nicht verführen, wenn er spricht: ‚Jahwe wird uns retten!' Haben etwa die Götter der Völker ein jeder sein Land aus der Hand des Königs von Assyrien gerettet? Wo sind die Götter von Hamath und Arpad . . .? Wo ist einer unter allen Göttern dieser Länder, der sein Land aus meiner Hand errettet hätte, daß euer Gott Jerusalem aus meiner Hand erretten sollte?"

Diese Überzeugung, daß ein Gott sich in seinem Handeln für sein Volk als Gott erweist, ist bei Dtjes. durchaus festgehalten. Sie kommt im ersten Text der Gerichtsreden zum Ausdruck:

41, 2: „Wer hat ihn vom Osten erweckt . . ."
  4: „Wer tut es und macht es?

Auch in den anderen Texten wird das Wirken neben dem Ankündigen genannt (z. B. 41, 23); die Überzeugung ist also nicht fallen gelassen, daß ein Gott sein Gottsein im geschichtlichen Wirken (und das ist in der frühen Zeit identisch mit dem Wirken des Gottes für sein Volk) zeigt und bewährt. Neu ist in den Gerichtsreden Dtjes.', daß dem Ankündigen neben dem Wirken die beherrschende Bedeutung zuerkannt wird. Das zeigt eindrücklich die obige Tabelle. Dtjes. will mit dieser eigenartigen Redeform zum Ausdruck bringen, daß für ihn die Eigentlichkeit des Gottseins, die eigentliche Göttlichkeit vielmehr in einem Zusammenhang liegt als in je einzelnen Akten. Ein Gott erweist sich als Gott, wo ein Zusammenhang zwischen dem Reden und dem Handeln dieses Gottes sich als tatsächlich, sich als zuverlässig erweist. Das isolierte Geschichtsfaktum also entscheidet *nicht* in der Kontroverse zwischen Jahwe und den Göttern. Die *Kontinuität*, die ein Wort des Gottes (die Ankündigung) mit einem Handeln des Gottes ver-

bindet, erweist die Göttlichkeit. Hier hat Dtjes. tiefgründig und groß-
artig das Facit aus Gottes Geschichte mit seinem Volk Israel gezogen!
Auf seiten Jahwes steht mit diesem Ankündigen in engstem Zusammenhang das „Erwecken" des Kyros (ausgesprochen in 41, 2—3 und
41, 25f.; angedeutet in den anderen drei Texten). Es hat seinen Sinn
und seinen Ort in dieser Kontroverse nur im Zusammenhang mit der
Ankündigung: angekündigt hat Jahwe *seinem* Volk die Befreiung;
indem er die Eroberung Babylons durch einen *fremden* Herrscher ankündigte. Es sind nicht beliebige Beispiele für das Ankündigen genannt
— oder es ist nicht nur allgemein über solches Ankündigen gesprochen —,
sondern es wird durchweg auf *ein* Ereignis bezogen. Es ist ein Ereignis
außerhalb der Geschichte des Volkes dieses Gottes. Mit dieser Besonderheit muß seine Bedeutsamkeit zusammenhängen: die Kontinuität im
Wirken dieses Gottes, die das Eintreffen eines Ereignisses mit dessen
Ankündigung verbindet, reicht über die Volksgeschichte hinaus; sie verbindet ein Ereignis außerhalb (ein Ereignis in der Weltgeschichte) mit
ihr. Gerade deswegen wäre entsprechend ein Ankündigen auch bei den
Göttern der Völker möglich (daher das Gerichtsforum, vor dem mit
Jahwe die Götter der Völker stehen).

Da in allen fünf Texten das Wirken Jahwes durch Kyros bzw. das
Ankündigen dieser „Erweckung" des Kyros behandelt wird, bilden
diese zu einer Redegattung gehörigen fünf Stücke auch einen *sachlichen*
Zusammenhang. Das ist an keiner Stelle so klar und eindeutig wie
hier: Die Redeformen, die Dtjes. benutzt, stehen in enger Beziehung
zu dem, *was* er sagen will. Hier liegt die Grenze der Methode *Begrichs,*
der meint, daß die Redeformen Dtjes.' unter Absehen vom Inhaltlichen
untersucht werden könnten. Für Dtjes. gehört das Reden in der Form
der Gerichtsreden (mit den beiden Partnern Jahwe — die Götter) und
das Reden von Jahwes Wirken durch Kyros zusammen. Es ist nicht
richtig, daß Dtjes. von Kyros in ganz verschiedenen, beliebigen Redegattungen spreche[28].

Außer der Gruppe der Gerichtsreden gibt es noch zwei Komplexe,
die es mit Kyros zu tun haben: einmal das eigentliche Kyros-Orakel
45, 1—7 mit seiner Einleitung 44, 24—28 und seinem Nachwort 45,
9—13; dann die zusammengehörigen Kapitel 46 und 48, alle Stellen
zwischen 44, 24 und 48. Es geht in der Gruppe der Gerichtsreden nicht

---

28. Diesen Eindruck gewinnt man aus *Begrichs* Darstellung. Vgl. *E. Jenni,* Die politischen Voraussagen der Propheten, Zürich 1956, S. 100—103.

nur um den Zusammenhang von Ankündigung und Eintreffen des Angekündigten als Erweis der Göttlichkeit; es geht darüber hinaus um einen Zusammenhang von Ankündigung und Eintreffen des Angekündigten, *der die Volksgeschichte mit der Weltgeschichte verbindet*. III. *Der Urteilsspruch* (die Entscheidung). Es ist im Charakter dieser Gerichtsreden begründet, daß der Urteilsspruch sich meist nicht stark abhebt, oder gar nicht ausdrücklich wiedergegeben wird, weil er sich von selbst ergibt. Er ergibt sich von selbst, weil die Gegenpartei in dem entscheidenden Punkt gar nichts vorzubringen hat. In 43, 8—13; 44, 6—8 und 45, 20—25 bleibt es bei der Aufforderung an die Gegenpartei, ihre Argumente und Zeugenaussagen vorzubringen (vgl. die Vorladung). Die Fortsetzung zeigt, daß sie nichts vorzubringen haben. Ein formeller Urteilsspruch fällt deswegen fort, er ist gar nicht mehr nötig.

In 41, 21—29 ist es grundsätzlich nicht anders, nur wird hier näher darauf eingegangen, daß die andere Seite nichts vorzubringen hat:

> „Ja, niemand sagt aus, ja, niemand spricht,
> ja, niemand hört von euch einen Laut! ...
> Ich sehe hin, — aber keiner ist mehr da,
> es blieb von ihnen kein Sprecher, daß ich sie fragte
> und sie mir Antwort gäben."

Dieser Text enthält auch am Ende eine formelle Nichtigkeitserklärung des Anspruches:

> „Siehe, sie alle sind nichtig.
> Nichts sind ihre Werke, Wind und Wust ihre Bilder."

Die andere Seite des Urteils, die Bestätigung oder Anerkennung des Rechtsanspruches Jahwes, kommt zum Ausdruck in den Selbstprädikationen. In 43, 8—15:

> „Vor mir ward kein Gott gebildet
> und nach mir wird keiner sein.
> Ich, ich Jahwe! Und außer mir ist kein Helfer.
> Ich bin Gott von uran — auch heute bin ich derselbe ..."

Ähnlich 41, 4; 44, 6b; 45, 21b. In dieser Selbstprädikation wird also etwas wie ein Rechtsentscheid gehört (das wird später zu beachten sein). — Aber das ist nur die eine Seite. Es kommt hinzu: 44, 6—8 ist die Kontroverse ganz auf den Punkt der Ankündigung beschränkt, umgekehrt in 41, 1—5 auf den Punkt des Handelns, das Erwecken des Kyros. Hier kommt es gar nicht zu einer Begegnung vor Gericht; die Tat Gottes bewirkt, daß die Völker vor ihr erschrecken, 41, 5. In 44, 6—8 stehen einander schroff gegenüber die Herausforderung des Gegners: „Wer läßt von uran das Kommende hören ...?" und die

Gegenbehauptung: „habe ich es nicht längst hören lassen und verkündet?". Sie ist hier (das begegnet nur einmal) eingeleitet mit einer Anrede an Israel als den Zeugen: „Erschrecket nicht und fürchtet euch nicht!", also dem Heilszuspruch aus dem Heilsorakel. Israel wird die Furcht damit genommen, daß das jetzt bevorstehende Tun Gottes mit seinem Wirken in der Vergangenheit in Verbindung gebracht wird, dessen Zeuge Israel ist. In seinen an Israel gerichteten Worten hat sich Gottes Treue zu seinem Volk gezeigt. Mit dieser Anrede in der Gerichtsrede 44, 6—8 wird eine Verbindung zwischen der Reihe der Gerichtsreden und der der Heilsorakel hergestellt. In der Zuverlässigkeit des Zusammenhanges von Gottes Wort und Gottes Tat kann sich Israel geborgen wissen; und eben diese Kontinuität ist es, die Jahwe den Göttern als Erweis seines Gottseins entgegenhält.

Zugleich zeigt sich hier der Zusammenhang mit dem Motiv, das Prolog und Epilog miteinander verbindet: die starke Betonung der Zuverlässigkeit des Wortes Gottes, das nicht vergeht und das ausrichtet, wozu Gott es bestimmt, 40, 8 und 55, 10f. Es geht hier im Grunde ebenso um die Kontinuität von Gottes Reden und Handeln.

Schließlich wird in den Gerichtsreden auch der Grund für das Kyros-Orakel gelegt. Es wird begründet, daß Jahwe, der Gott Israels, durch den Perserkönig Kyros zum Heil seines Volkes eingreifen wird (45, 4f.). Die Begründung wird in einer Auseinandersetzung um den Anspruch der Göttlichkeit zwischen Jahwe und den Göttern der Völker gegeben. Jahwes Argument für den Anspruch der Einzigkeit ist der Nachweis, daß er sich seinem Volk als Herr der Geschichte erwiesen hat durch den verläßlichen Zusammenhang seines Redens mit seinem Wirken. Diesen Nachweis können die anderen Götter nicht erbringen, damit verlieren sie ihren Anspruch auf Göttlichkeit. Eben diese in den Gerichtsreden erwiesene Einzigkeit Jahwes in seinem Gottsein ist die Begründung für das Kyros-Orakel. Weil Jahwe der einzige ist, kann er Kyros zum Retter seines Volkes bestellen.

2. Die Gerichtsreden Jahwe — Israel: 43, 22—28; 50, 1—3; 42, 18—25 (?)

43, 22—28: Formal unterscheidet sich 43, 22—28 schon darin von den Texten der Gruppe von Gerichtsreden, in denen Jahwe und die Götter (Völker) einander gegenüberstehen, daß die Vorladung oder das, was ihr hier entspricht, erst mitten im Text steht.

26: „Zeige mich an! Laßt uns zusammen vor Gericht gehen!
Lege du dar, damit du recht bekommst!"

Darauf folgt nur noch ein Argument der einen Partei (Jahwe); was in 22—25 voraufgeht, ist eigentlich der Gerichtsverhandlung voraufgehendes Streitgespräch (bzw. Bestreitung). Das Ganze ist also keine eigentliche Gerichtsrede, sondern eher eine vor-gerichtliche Bestreitung. Die Anklage gegen die eine Partei (d. h. die Anklage Israels gegen Jahwe) *ist* schon erhoben (sie ist in 28 enthalten), es müßte zur Verhandlung kommen; nun aber wird in der vor-gerichtlichen Bestreitung der Gegenpartei ihr Argument aus der Hand geschlagen, so daß die Verhandlung sich erübrigt.

Ein weiterer Unterschied liegt darin, daß es in den Gerichtsreden „Jahwe — die Götter" um einen Rechtsanspruch geht, hier dagegen um eine Anklage, die von Israel gegen Jahwe erhoben wird. Umgekehrt sieht es *Begrich* (a. a. O., S. 24f.) zu 43, 22—28: „Wendet sich dort (bei den Gerichtsreden Jahwe — die Völker) der Angegriffene gegen den Vorwurf eines Vergehens, so wehrt er sich hier gegen einen Anspruch, der an ihn gestellt wird." — Die Anklage Israels gegen Jahwe, die dem Ganzen zugrundeliegt, ist im letzten Vers enthalten:

„so gab ich Jakob dem Bann preis und Israel der Schande".

Hinter ihm steht die Anklage Gottes aus der Volksklage:

„Du gabest Jakob dem Bann preis und Israel der Schande!"

Ganz ähnliche, dem Sinn nach gleiche Worte der Anklage finden sich z. B. in Ps. 44. — In der Bestreitung bestreitet Jahwe nicht, daß er dies getan habe; er begründet vielmehr, warum er es tun *mußte*. Israels Sünde (27) hat Gottes Gericht heraufgeführt. Damit wird die Richtung der Anklage umgekehrt; jetzt ist Israel angeklagt und seine Anklage gegen Gott wird damit hinfällig. Vorher, in 22—24, bestreitet der Angeschuldigte (Jahwe) die Begründung der gegen ihn gerichteten Anklage (Wie konntest du, Gott, uns verstoßen und der Schande preisgeben, wo wir dir solange treu gedient haben mit unserem Opferdienst!): Ihr habt mir nicht wirklich gedient; im Gegenteil, ihr habt mich dienen lassen! Dieser eigentümlich zweiseitige Gebrauch des Verbs 'ābad wird für das Verhältnis der ebed-Lieder zu der sonstigen Verkündigung Deuterojesajas von beesonderer Wichtigkeit sein.

Wenn nun Gott in V. 25 (der das Dienen erklärt, zu dem Israel Gott genötigt hat) die Vergebung der Schuld Israels (V. 27) proklamiert, so weist das über Bestreitung und Gerichtsrede hinaus und zeigt an, daß 43, 22—28 in einem lockeren Zusammenhang mit dem Heilsorakel 44, 1—5 steht, das beginnt: „Aber nun: höre mein Knecht . . .".

50, 1—3: Eine gewisse Parallelität zu 43, 22—28 ist auf den ersten Blick zu erkennen: der Anklage 43, 28 entspricht hier 50, 1a; die Entgegnung Gottes ist sachlich die gleiche: 1b. Vers 2a scheint 43, 26 zu entsprechen: Jahwe ist von Israel vor Gericht gefordert worden, aber nun ist niemand da, der ihm etwas entgegnen könnte. 50, 2b entspricht 43, 22—24: Jahwe bestreitet eine Begründung der gegen ihn erhobenen Anklage, er habe keine Kraft mehr, Israel zu helfen. Darauf antwortet Jahwe in V. 2b in der Selbstprädikation des Schöpfers, genauer des Herrn der Schöpfung (ganz ähnlich wie Hiob 38), die auf die Allmacht des Schöpfers verweist. Aber dann erwartet man noch irgendein Wort, das 43, 25 entspräche. Jedoch scheint der Text in Vers 3 als Fragment abzubrechen.

42, 18—25 gehört vielleicht in die Nähe dieser beiden Texte. Er ist schwer zu bestimmen, scheint auch mehrfach erweitert und nicht in der ursprünglichen Form erhalten. Das Stück ist einem Disputationswort nahe, doch erinnert der Aufruf am Anfang (V. 18) an die Vorladung bei der Gerichtsrede. Er steht 43, 8 nahe; wie dort ist das Volk als „blind und taub" bezeichnet, und das wird in 19—20 ausgeführt. Im folgenden begegnen die gleichen Elemente wie in 43, 22—28 und 50, 1—3: Vorausgesetzt ist die Anklage Gottes „Du gabst Jakob der Plünderung preis und Israel den Räubern!" (ganz entsprechend 43, 28). Die Bestreitung dieser Anklage ist die gleiche wie dort (23—25): Jahwe *mußte* das tun um der Sünden Israels willen (24). Darin besteht die Blindheit und Taubheit Israels, daß es nicht merkte (V. 25), wie in diesem Gericht Jahwe am Werk war und dies tun mußte.

Diese drei Texte sind — darin stehen sie den Disputationsworten nahe — ebenfalls direkt auf die Klage des Volkes bezogen. Und zwar ist hier formbildend das *eine* Glied der Klage geworden: die Anklage Gottes. Deswegen die Form der Gerichtsrede. Daß in diesen Stücken Gott der von seinem Volk Angeklagte, Vorgeforderte ist, entspricht dem eigentlichen und ursprünglichen Sinn der „Anklage Gottes" als eines Gliedes der Klage. In allen drei Texten erhebt Gott die Gegenklage: Israel hat sich an seinem Gott versündigt. Das entspricht sachlich der prophetischen Anklage, der Anklage, die die Propheten *vor* dem Exil gegen Israel erhoben haben. *Diese Anklage der vorexilischen Gerichtspropheten wird von Deuterojesaja bestätigt.* Die Form der Gerichtsrede bringt zum Ausdruck, daß Dtjes. diese Anklage, die er bestätigt, auf die Zeit bis zum Vernichtungsgericht über Israel *beschränkt.* Er hat sie *nicht* für die Übriggebliebenen zu erheben. Jetzt ist das Gericht eingetreten:

42, 22: „Doch (jetzt) ist es ein beraubtes und ausgeplündertes Volk …“,

und die Aufgabe des Dtjes. ist es, dem Volk deutlich zu machen, daß Gott dieses Gericht über das Volk bringen mußte. Jetzt aber, nachdem das Gericht ergangen ist, gilt ein neues Wort Gottes. Wie auf 43, 22—28 der Heilszuspruch 44, 1—5 folgt, so auf 42, 18—25 der Heilszuspruch 43, 1—7. Dies ist keine zufällige Folge; in beiden Fällen ergeht der Heilszuspruch in die neue Stunde, die anbricht, nachdem Gott selbst sein Gerichtshandeln an Israel abgeschlossen hat. Bei 50, 1—3 läßt sich die gleiche Folge nicht beobachten, weil hier das ebed-Lied 50, 4—9 folgt.

In diesen drei Gerichtsreden Jahwe-Israel, die den Disputationsworten nahe stehen, begründet Dtjes. seine Heilsverkündigung dem Einwand entgegen, Jahwe habe sich durch sein Gericht an Israel endgültig von seinem Volk abgewandt. Hier ist sein Argument: Jahwe mußte so handeln, weil Israel ihm untreu geworden ist. Als der Richter, der *gerecht* an Israel handelte, bleibt er über das Gericht hinaus Israels Herr; als solcher wendet er sich ihm jetzt wieder zu.

Auch die Gerichtsreden „Jahwe-Israel" erweisen die Kontinuität des Wirkens Gottes, das das Gerichtshandeln am eigenen Volk einschließt.

Das Königsorakel 44, 24—45, 7

Das direkt an Kyros gerichtete Wort Jahwes 45, 1ff. ist in der Botschaft Deuterojesajas einmalig und einzigartig; dem entspricht die besondere, nur in diesem einen Wort benutzte Form des Königsorakels. *44, 24—28:* Während *Duhm, Volz* u. a. 44, 24—45, 7 als eine Einheit gelesen hatten, betont *Begrich* nachdrücklich die Selbständigkeit von 44, 24—28 als eines Disputationswortes (s. o. S. 126), *von Waldow* folgt ihm darin. Auch *Jenni* (a. a. O. S. 100) nennt 44, 24—28 für sich ein Disputationswort mit hymnischem Einschlag. *Budde* nennt 44, 24—28: „Erste Ansage im Selbstgespräch Jahwes". *Haller* und *Elliger* treffen keine klare Entscheidung. Beide sagen zwar, 44, 24—28 sei selbständige Einheit, betonen aber beide stark die Zusammengehörigkeit mit 45, 1—7. (*Haller* kann 44, 24—28 auch Einführung des Folgenden nennen.) Sieht man 44, 24—28 in seiner grammatischen Struktur, so kann es kaum eine selbständige Einheit sein. Nach der Einleitung 24a besteht das Ganze nur in einer Folge von Partizipien, die in Imperfekta weitergeführt werden (in der 3. pers.). Alle diese Sätze wollen also Näherbestimmungen des ʾānōkī jhwh in Vers 24 sein, Appositionen. Auch in der sinnvollen Gliederung, die das ganze Gebilde 24—28 erkennen läßt, bleiben diese Sätze eine stark erweiterte Einleitung. Auch wenn in 45, 1 eine neue Einleitungsformel folgt, so ist diese doch nur weiterführende Wiederaufnahme des Anfanges von 44, 24—28; der erste wirkliche Hauptsatz nach 44, 24 steht in 45, 2; dies erst ist das in 44, 24 angekündigte Wort: das an Kyros ergehende Orakel. Innerhalb von 44, 24—28 läßt das Stück ein Gefälle auf den Schlußsatz hin erkennen; dieser Schlußsatz aber faßt kurz zusammen, was 45, 1—7 dann entfaltet:

> 28: „Der zu Kyros sagt: mein Hirt!
> Er soll ausrichten alles, was mir gefällt."

In dieser Einleitung ist besonders ausgeprägt die „Selbstprädikation Gottes", worauf *Volz* und *Greßmann* gewiesen haben. Die Selbstprädikation der Gottheit (Kombination des Ich-Stils mit Partizipial- oder Relativstil) ist von der „Selbstvorstellungsformel" (*Zimmerli*), streng zu trennen. Sie sind verschiedene Vorgänge und haben verschiedene Wurzeln. *Nur* die Selbstprädikation hat etwas mit dem Hymnus, dem Gotteslob, zu tun; die Selbstvorstellungsformel dagegen entstammt dem Kultorakel. Die Form der Ich-bin-Sätze in der Gottesrede, die wir bei Dtjes. in dieser Einleitung des Kyros-Orakels und dann besonders in den Gerichtsreden „Jahwe — die Götter" treffen, gehört formgeschichtlich dem Selbst-Preis der Götter an, der eine vielfach bezeugte vorisraelitische Geschichte hat.

Norden, Agnostos Theos, Leipzig und Berlin, 1913, zitiert S. 207 (nach *Zimmern*):

> Ishtar, die Göttin des Abends bin ich,
> Ishtar, die Göttin des Morgens bin ich,
> Ishtar, die den Verschluß des glänzenden Himmels öffnet, —
> das ist mein Ruhm;
> die Himmel lasse ich erlöschen,
>   die Erde erschüttere ich, —
> das ist mein Ruhm.

Falkenstein — von Soden (a. a. O.) S. 67, Lied Inannas:

> Mein Vater hat mir die Himmel gegeben,
> hat mir die Erde gegeben:
> Die Himmelsherrin bin ich!
> Mißt sich einer, ein Gott, mit mir? ...

Norden, S. 210f. Aus einer Inschrift des Kriegsgottes Ningirsu

> Ich bin Ningirsu,
> der hemmt das große Wasser,
> der große Krieger des Ortes Enlils,
> der Herr, welcher seinesgleichen nicht hat . . .
> Wohlan, ich will sprechen! Wohlan ich will sprechen!
> Diese Worte will ich vorbringen:
> Ich bin der Hirte.
> Die Herrschaft ist mir zum Geschenk gegeben.

Ein ägyptisches Beispiel, *Norden*, S. 217 (nach *Erman*)

> Ich (Rē) bin der, der Himmel und Erde schuf
> und die Berge schürzte und alle Wesen darauf machte.
> Ich bin der, der die großen Wasser machte
> und die große Flut schuf . . .
> Ich bin der, der den Himmel schuf . . .

Aus den sumerischen Königshymnen, *Falkenstein — von Soden* S. 115

> Ich, der König, bin von Mutterleib an ein Held,
> Ich, Schulgi, bin von Geburt an der mächtige Mann.
> Ich bin der Löwe mit wildem Blick, vom Drachen geboren,
> bin der König der vier Weltgegenden,
> bin der Hüter, der Hirte der ‚Schwarzköpfigen‘,
> bin der Held, der Gott aller Länder . . .

Diese Beispiele, die sich vermehren ließen, lassen den Charakter der Selbstprädikation sehr klar erkennen. Es ist ein ausgesprochenes Sich-Rühmen des Gottes, der sich darin den anderen Göttern gegenübersieht:

> „der Herr, welcher seinesgleichen nicht hat . . .“
> „Ich bin die kriegerischste der Göttinnen . . .“
> „Mißt sich einer, ein Gott, mit mir? . . .“

Der letzte Satz (aus dem Lied Inannas) erinnert an die Gerichtsreden bei Deuterojesaja. Aber man braucht nach auffälligen Ähnlichkeiten nicht zu suchen; es ist nach den angeführten Beispielen sicher, daß Dtjes. in den Selbstprädikationen Jahwes sich im Stil an Vorbilder seiner Umwelt anlehnt, daß er also diese besondere Art von Hymnen vor Augen hat, in denen ein Gott unter anderen Göttern sich seiner Taten und Eigenschaften rühmt. In dieser deutlich polemischen Übernahme führt Dtjes. den Selbstruhm eines Gottes den anderen Göttern gegenüber ad absurdum, indem er ihn *dem* in den Mund legt, der *allein* Gott ist. Man ahnt hier etwas von der Kühnheit der Verkündigung des Dtjes., der sich vor einem polemischen Übernehmen kultischer Stilelemente aus der übermächtigen Umwelt nicht scheut.

Durch diesen religionsgeschichtlichen Hintergrund ist nun auch erklärt, daß und warum 44, 24—28 stilistisch nicht zu den Disputationsworten gehört *(Begrich)*, sondern den Gerichtsreden nahesteht. Wie in diesen proklamiert hier Jahwe den Göttern gegenüber seinen Anspruch, allein Gott zu sein, wie es dann in 45, 5 ausgesprochen ist. Die Selbstprädikation zeigt auch die stilistische Einheit von 44, 24—45, 7. Was ist das für ein Selbstpreis, wessen rühmt sich Jahwe hier? Jahwe rühmt sich als der Schöpfer des Himmels und der Erde (24b) und als der Herr seiner Schöpfung (27); zugleich als Herr der Geschichte, der sich darin als solcher erweist, daß er die Geschichtsankündigung der fremden Götter (vor allem der babylonischen) zunichtemacht (25), jedoch die der Propheten Israels bestätigt (26a), indem er Jerusalem wiederherstellt (26b) durch sein Werkzeug, den König Kyros (28). Eben dies wird in dem Königsorakel 45, 1—5 entfaltet, das dann wieder in eine Selbstprädikation Jahwes ausmündet (5a. 6b), die das Motiv von 44, 24ff. noch einmal in zwei monumentalen Sätzen aufnimmt: Jahwe der Schöpfer, Jahwe, Herr der Geschichte:

> „Ich, Jahwe, und keiner sonst,
> der ich das Licht bilde und schaffe die Finsternis,
> der das Heil wirkt und das Unheil schafft,
> Ich, Jahwe, der all dies wirkt."

Wie in 40, 12—31 die Struktur des beschreibenden Lobes (Jahwes Majestät, der Schöpfer und Herr der Geschichte) das Fundament für das Trostwort an Israel bildet (12—26; 27—31), so bildet es hier das Fundament für Gottes besonderes Werk, durch das er seinem Volk die Erlösung bringt (44, 24a. 26 und 45, 4a). Es ist also die gleiche Struktur des beschreibenden Lobes, das sowohl 40, 12ff. wie 44, 24ff. zugrundeliegt, jedoch hier und dort zu ganz verschiedenen Gebilden führt.

  Daß in 44, 24—28 die Struktur des Gotteslobes, wie wir sie aus den Psalmen kennen (z. B. Ps. 33), wirklich zugrundeliegt, kann besonders die auffällige Stellung von V. 27 im jetzigen Kontext zeigen. *Haller* sagt dazu: „Fremdartig berührt hier das zwischenhineingeschobene Bild von der Austrocknung der Meerestiefe" (S. 42), und *Duhm* versteht den Wasserschlund als Bild für Israels jetzige Notlage. — Eigentlich gehört V. 27 zu V. 24: der Schöpfer (24) — der Herr seiner Schöpfung (27); in dieser Folge oft belegt. In der vorliegenden Komposition aber will Dtjes. abschließend dies beides bewußt konfrontieren: der Herr der Schöpfung *ist* der Herr der Geschichte; das bedeutet: der der Tiefe gebieten kann, daß sie versiegt, *derselbe* kann zu Kyros sagen: „mein Hirt! er soll ausrichten alles, was mir gefällt". Für diese Stellung der

Motive gibt es eine genaue Parallele in Hiob 12, wo die letzten beiden
Verse des Abschnittes 13—25 (Vers 24—25 ist nach V. 21 zu lesen), der
Gott als den Herrn der Geschichte preist, das erhabene Wirken des
Schöpfers und des Herrn der Geschichte genauso konfrontieren:

> „Er deckt Verborgenes auf aus dem Dunkel
> und Finsternis reißt er hervor ans Licht;
> Er hebt Völker empor und vernichtet sie,
> breitet Nationen aus und führt sie hinweg."

45, 1—7: In diese Selbstprädikation Gottes, die 44, 24 einsetzt und
dann in 45, 5a und 6b wieder aufgenommen wird, ist das Königsorakel
45, 1ff. eingefügt, durch den gleichen Ich-Stil mit ihr verbunden.

Die Einleitung: kō 'āmar jhwh lekōresch weist auf einen konkreten,
und zwar durch einen Menschen vermittelten Redevorgang. Der Ehren-
name „mein Gesalbter" kann nach dem sonstigen Gebrauch im AT
(vgl. *Köhler*, Lexikon) nur auf einen jetzt lebenden und wirkenden
König gehen. Das Ergreifen der rechten Hand deutet die Bestätigung
im Königsamt an. In Ps. 2 und 110, die hier zu vergleichen sind, gehört
zur Königseinsetzung die Verleihung des Sieges über die Feinde. Auch
in Ps. 2 steht die Bezeichnung „Gesalbter" im Zusammenhang der
Königseinsetzung. Man kann danach annehmen, daß Dtjes. bei der
Formulierung von 45, 1ff. den Ritus einer Königseinsetzung vor Augen
hat. Zu ihr gehört das feierlich an den König gerichtete Wort; so Ps.
2, 7: „Er spricht zu mir . . ." und 110, 1 ne' um jhwh l'adonaj, ganz
entsprechend Jes. 45, 1. Es ist ein durch Menschenwort vermitteltes
Gotteswort, es ergeht im Kultakt durch einen Priester oder Kult-
propheten. Ähnlich ist auf dem Kyros-Zylinder[29] das Königsorakel
reflektiert, daher erklären sich die Anklänge an Jes. 45, 1ff.; z. B.
begegnet auch hier das Fassen (durch den Gott) bei der Hand, das
Übergeben der Herrschaft, das Verheißen der Siege[30].

Die wichtigste Übereinstimmung zwischen dem Kyros-Zylinder und
Jes. 45, 1ff. liegt darin (das kommt in dem Vergleich im Kommentar
von *Volz* nicht klar heraus), daß hier wie bei Dtjes. Kyros von einem
*nicht*persischen Gott, der beidemale als Weltgottheit verstanden wird,
erwählt und beauftragt wird, und zwar zu dem gleichen Werk: der
Herrschaftsübernahme in Babylon! Die Übereinstimmung geht noch
weiter: Am Ende berichtet Kyros von der Wiederherstellung der Kulte

---

29. Tonzylinder — Inschrift des Kyros um 538 bei *K. Galling*, Textbuch zur Geschichte Israels, 1950, S. 70ff.
30. Vgl. hierzu den Komm. von *Volz*.

und der Sammlung und Ansiedlung der Exilierten! Eine literarische
Abhängigkeit anzunehmen ist nicht nötig (die Kyros-Inschrift ist wahrscheinlich später als Deuterojesaja); wohl aber kann man zwei Schlüsse
mit Sicherheit ziehen: 1) Die Kyros-Inschrift wie Jes. 45, 1ff. beziehen
sich auf die Sprache eines Inthronisationsritus und insbesondere eines
an den König gerichteten Orakels; 2) Die Erwählung des Kyros durch
Jahwe zum Herrschaftsantritt in Babylon entspricht einer auch von
anderen gleichzeitig gehegten Erwartung, daß Kyros Herr über Babylon werde und damit die von der babylonischen Herrschaft Bedrückten
befreie. Das Einzigartige in Jes. 45, 1ff. ist nicht, daß Dtjes. ankündigt:
Kyros wird Babylon erobern; das Eigentliche ist vielmehr die Beziehung dieses Auftrages, den Kyros bekommt, auf Jahwes Volk und
dessen Geschichte.

Das Kyros-Orakel hat, wie zu Anfang gesagt, wegen seines einzigartigen Inhalts auch eine einzigartige Form. In manchem erinnert es an
die Heilsorakel: unmittelbare Anrede, Jahwe redet in der 1. pers.,
Sätze wie „ich rufe dich bei deinem Namen", vgl. 43, 1 u. a. Aber es
ist nicht berechtigt, wenn *Begrich* 45, 1ff. zu den Heilsorakeln rechnet.
Der wesentliche Unterschied liegt darin, daß Kyros nicht in eine Not-
situation hinein Heil zugesagt oder angekündigt wird, sondern Kyros
wird vielmehr in eine Funktion eingesetzt und für die Funktion aus-
gerüstet:

> Er wird von Jahwe gesalbt, Jahwe hält seine Rechte,
> Jahwe gürtet ihn (Investitur), gibt ihm Ehrennamen (Königsnamen).
> Jahwes Auftrag an Kyros:
> „er soll ausrichten alles, was mir gefällt".

Eben für diesen Auftrag wendet Jahwe ihm Heil und Gelingen zu:

> Jahwe geht vor ihm her und ebnet ihm die Wege.
> Er zerbricht die Festungen, unterwirft ihm Völker und Könige.
> Er gibt ihm verborgene Schätze.

Zu der Verheißung des Unterwerfens von Völkern vgl. Ps. 2, 8f.:

> „Heische von mir, so gebe ich dir Völker zum Erbe,
>   die Enden der Erde zum Eigentum;
> Mit eisernem Stab magst du sie zerschlagen,
>   magst sie zerschmeißen wie Töpfergeschirr."

Ähnlich im Kyros-Zylinder (Zeile 12f. bei *Galling*)

> „Zur Herrschaft über die ganze Welt berief er ihn,
> Das Land ... legte er zu seinen Füßen,
> die Leute der Schwarzhäupter, die er seine Hände gewinnen ließ ..."

Das „Ich will vor dir hergehen" begegnet in Assarhadon-Orakeln:

„I, Ishtar of Arbela, will go before you and behind you . . ."
„To the conquest of your enemies
    she will march forth at your side" (Ashurbanipal, p. 451)
„I am your great protector. Your gracious leader am I."
                                                    ANET 450f.

Dem Wegräumen der Hindernisse entspricht ein Satz in einem Orakel
Ninlils an Assurbanipal (a. a. O., S. 451):

„I shall arise, break the thorns, open up widely my
    way through the briers."[31]

Damit ist genügend erwiesen, daß Jes. 45, 1ff. in einer breiten und
sehr alten Tradition eines Königsorakels steht, das seinen ursprünglichen Ort bei der Inthronisation des Königs hat, von dort aber weiter-
geht in die die Königsherrschaft tragenden und bestätigenden Orakel
im stetigen Königskult.

Es muß dabei bleiben, daß 44, 24—45, 7 in der Verkündigung
Deuterojesajas einen durchaus einzigartigen Platz hat. Doch steht es
mit einer der anderen Redeformen in einem offenkundigen, nahen
Zusammenhang: mit den Gerichtsreden. In den Gerichtsreden ist das
eine Argument Jahwes gegen die Götter der Völker, daß er Kyros
„erweckte" und ihm seinen Auftrag gab: 41, 2—3; 41, 25f.; 43, 14b (?).
In diesen Stücken kehrt ein Motiv aus 44, 24—45, 7 wieder: Jahwe
gibt dem Kyros Heil und unterwirft ihm die Völker:

41, 2f.: „Wer hat ihn von Osten erweckt,
        dem Heil auf dem Fuß begegnet,
    Gab vor ihm Völker dahin
        und trat Könige nieder . . ."
41, 25: „Ich erweckte einen von Norden und er kam,
        von Sonnenaufgang rief ich ,ihn' bei Namen,
    er trat Fürsten nieder wie Lehm,
        wie der Töpfer den Ton stampft . . .".

Hier wie dort geht es um Jahwes Handeln durch bzw. an Kyros; in
den Gerichtsreden liegt der Ton auf dem Gerichtshandeln *durch* Kyros,
im Kyros-Orakel ist dies erweitert zu einem Handeln Jahwes *an* Kyros.
Dort „erweckt" er Kyros für einen bestimmten Auftrag, hier „salbt"
er Kyros, d. h. stellt er das Königtum des Kyros als ganzes in seinen
Dienst. Man kann dann etwa sagen, das Kyrosorakel ist eine Unter-
streichung und eine Verstärkung der Funktion, die dem Kyros in
Gottes Geschichtshandeln in den Gerichtsreden gegeben wird. Aber das
Reden von Kyros liegt hier und dort in der gleichen Linie. Man kann

---

31. Dieses Orakel enthält in Zeile 8 eine genaue Parallele zu Ps. 2, 3.

sagen, daß die Bedeutung des Kyros für Jahwes Handeln direkter in den Gerichtsreden erklärt wird; das Kyrosorakel zeigt darüber hinaus, daß Jahwe, was er in den Gerichtsreden beansprucht, wirklich kann, als Schöpfer und Herr der Geschichte.

45, 9—13, die auf das Kyrosorakel folgende Einheit, die, wie sie auch zu deuten sei[32], jedenfalls in naher Beziehung zum Kyrosorakel 44, 24—45, 7 steht, wiederholt noch einmal, was in den Gerichtsreden und in 45, 1—4 von Kyros gesagt ist:

> „Ich habe ihn erweckt in Gnaden
> und alle seine Wege ebne ich" (45, 13).

Darüber hinaus aber wird nun hier zum erstenmal direkt ausgesprochen, daß Kyros Jerusalem wiederherstellen und die Exilierten freilassen soll:

> „Er soll meine Stadt bauen
> und die Gefangenen meines Volkes freilassen,
> nicht um Kaufpreis und nicht um Geschenk,
> spricht Jahwe Zebāōt" (45, 13).

Es wird nicht zufällig sein, daß in den Gerichtsreden, die alle vor Kap. 45 stehen, dies niemals direkt gesagt wird, daß auch im Kyrosorakel die Wiederherstellung Jerusalems nicht als Werk des Kyros, sondern als Jahwes Werk bezeichnet wird (44, 26). Hier hebt sich 45, 9—13 deutlich ab von den bisherigen Kyros-Stellen.

Es kommen nun noch zwei Stellen hinzu, an denen der Name des Kyros erwähnt wird, Kap. 46, 11 und 48, 14f. Die Gattungsbestimmung dieser beiden Kapitel bzw. ihrer Teile war bisher noch offen gelassen worden.

Kapitel 46 und 48

Es will nicht gelingen, die einzelnen Stücke von Kap. 46 je für sich sinnvoll zu bestimmen. Klar ist, daß V. 3—4 auf V. 1—2 bezogen ist. Aber wie soll dann V. 1—4 bestimmt werden? *Begrich* gliedert Kap. 46 in 1—2: triumphierender Aufruf, 3—4 und 12—13 Heilsorakel, 5—11 Disputationswort in zwei Gängen 5—7 und 8—11 (*v. Waldow* folgt ihm wieder darin). Diese Aufgliederung ist ganz fraglich; vor allem die Bestimmung von 5—11 ist so gar nicht möglich. Schon nicht wegen des gleichen Anfangs der Verse 8 und 9; das Verb zākar hat in 8 einen

---

32. Die Formbestimmung von 45, 9—13 ist schwierig; nur hier bei Dtjes. begegnen Wehe-Worte. Doch steht 45, 9—13 dem Disputationswort nahe.

anderen Sinn als in 9. Nimmt man aber die Götzenpolemik 5—8 mit den meisten Auslegern für sich, dann kann weder 9—11 noch 12—13 für sich als Einheit bestimmt werden. Eine Aneinanderreihung von Fragmenten aber scheint Kap. 46 durchaus nicht zu sein.

Kann dann Kap. 46 als Einheit verstanden werden? Dazu neigen *Greßmann, Haller* und *Mowinckel* (1—2. 3—13). Ich gehe aus von V. 3: „und du, ganzer Rest des Hauses Israel". Nur an dieser einen Stelle in Deuterojesaja wird Israel als Rest angeredet! Und zwar geschieht das nach der vorangestellten Siegesbotschaft (1—2) betont in der Einleitung des Stückes. Dem entspricht nun, daß die Gerichtsrede 45, 20—25 in V. 20 an „die Entronnenen der Völker" gerichtet ist, auch nur an dieser einen Stelle bei Deuterojesaja. Wahrscheinlich liegt hier bewußte Komposition vor, d. h. daß ein Wort an die „Entronnenen der Völker" (45, 20—25) mit einem Wort an den „Rest des Hauses Israel" zusammengestellt wurde. Es müßte dann allerdings gezeigt werden können, daß dieser besonderen Anrede je das ganze Stück entspricht; daß diese Bezeichnungen ihren Sinn je aus dem Ganzen des Stückes bekommen. Das ist leicht zu zeigen: Zwischen ihnen steht die Siegesbotschaft, genauer die Botschaft vom Sturz der Götter Babylons 46, 1—2. Die Niederlage Babylons betrifft den „Rest Israels" (46, 3: die Bezeichnung erinnert an die früheren Verheißungen für den Rest). Sie bedeutet gleichzeitig, daß nun auf der Seite der Völker, der Sieger von gestern, nur noch die „Entronnenen" da sind (45, 20). Beide Bezeichnungen sind also auf die Botschaft von der Niederlage Babylons bezogen.

Was wird im Blick auf diese Botschaft zu Israel gesagt? Das kann nicht in V. 3—4 beschlossen oder auf V. 3—4 beschränkt sein. Denn der V. 3b ist grammatisch Apposition zu „Haus Jakob" in 3a, und V. 4 wiederum ist Erweiterung des „getragen" in V. 3b. Was also die hier Angeredeten hören sollen, ist bisher noch nicht gesagt, das muß *nach* V. 4 noch kommen; es ist in 3b—4 erst vorbereitet, — eine Konstruktion, die bei Dtjes. mehrfach begegnet.

Was die in V. 3a Angeredeten hören sollen, steht aber auch nicht in V. 5ff. V. 5—8, die Götzenpolemik, ist ein hier sekundär eingefügtes Stück, das als Einfügung besonders klar kenntlich ist. Dann aber ist der Zusammenhang klar: das „Gedenket..." in V. 9 nimmt das „Höret!" in V. 3 auf; hier folgt, was die in V. 3 Angeredeten, der „Rest Israels", hören sollen. Wenn dann V. 12 den Eingang von V. 3 noch einmal wörtlich aufnimmt:

3: „Hört auf mich, Haus Jakob und der ganze Rest
des Hauses Israel ...“
12: „Hört auf mich, ihr mutlosen Herzen, die fern
sind vom Heil“

dann wird damit eine Form des Gedichtes erkennbar, die für Dtjes. besonders charakteristisch ist: ein Gedicht, dessen einzelne Teile durch aufeinander bezogene Imperative eingeleitet sind, wie 40, 1—11 oder 51, 9ff. Damit kann die Einheitlichkeit von 46, 1—13 (ohne 5—8) als erwiesen gelten.

In V. 9: „Gedenket des Früheren von einst ...“ werden die Angeredeten an ihre frühere Geschichte erinnert. Dieser Satz knüpft unmittelbar an die Apposition 3b—4 an; das ist die Erfahrung Israels in seiner früheren Geschichte „die ihr aufgeladen von Mutterleib an ...“[33] Dieses Tragen Gottes durch die Geschichte wird erfahren in der Kontinuität von Wort und Tat Gottes (10 und 11b): „Ja, ich hab es gesagt; ja, ich führ es herbei!“ In diesem Zusammenhang soll Israel die Erweckung des Kyros sehen (V. 11); denn Kyros ist „der Mann meines Planes“.

Vers 12 und 13, die Anrede von V. 3 aufnehmend, lassen nun das Ganze in eine Heilsankündigung ausmünden. Die in V. 3 als ,Rest des Hauses Israel' Angeredeten sind hier näher bestimmt: „ihr mutlosen Herzen, die ferne sind vom Heil“, die also, die zu trösten der Prophet beauftragt ist. V. 13, der Schluß des Stückes, enthält die Heilsbotschaft.

Das Ganze 46, 1—13 ist gattungsmäßig nicht eindeutig einzuordnen. Es läuft — das ist klar — auf eine Heilsankündigung hinaus; und zur Heilsankündigung gehört auch V. 4. Aber was es eigentlich charakterisiert, ist in dem Mittelteil 9—11 gesagt. Und dieser Teil steht dem Disputationswort nahe. Er hat den Sinn, den „mutlosen Herzen“ zu erklären, daß Gottes jetziges Handeln durch die Berufung des Kyros als im Heilsplan Gottes begründet zu verstehen ist: es steht im Zusammenhang von Ankündigen und Eintreffen des Angekündigten, der sich in Israels Geschichte bewährt hat. Eben darin aber liegt auch eine deutliche Verbindung zu den Gerichtsreden: Kap. 46, 11a sagt dasselbe von Kyros, was die Gerichtsreden von ihm sagen. Der nähere Kontext dieses Satzes, nämlich 10a b und 11b ist der genau gleiche, in dem das Reden von Kyros in den Gerichtsreden steht (siehe diese): Jahwe erweist sich als Gott darin, daß eintrifft, was er angekündigt hat. Der Unterschied zu den Gerichtsreden besteht nur darin, daß 46, 9—11 Anrede an Israel ist und als solche verbindet es die Berufung des Kyros ausdrücklich mit Israels *Erfahrung* der Kontinuität von Ankündigung

---

33. Vgl. das ähnliche Bild für die gleiche Erinnerung: „getragen auf Adlersflügeln“ (Ex. 19, 4); sicher aus der Psalmentradition.

und Eintreffen. So begründet das Motiv aus den Gerichtsreden hier ein Heilswort an Israel (12—13).

Das Ganze ist eine Heilsankündigung, anknüpfend an die Botschaft vom Fall Babylons, die Motive des Disputationswortes (und der Gerichtsrede) einbezieht; eine dichterische Komposition, die nicht als Ausprägung *einer* Gattung verstanden werden kann.

Auch die Stellung von 46, 1—13 im Ganzen des Buches weist auf bewußte Komposition: es folgt dem Teil, der die Gerichtsreden enthält (Kap. 41—45) und schließt unmittelbar an 45, 20—25 an, den letzten Text der Gerichtsreden, in dem „die Entronnenen der Völker" angeredet sind wie in 46, 1—13 der „Rest Israels". Die Zusammengehörigkeit von 45, 20—25 und 46, 1—13 würde noch bestärkt, wenn das Stück 45, 18—19, das an eine Bestreitung anklingt, in lockerem Anschluß als Einleitung zu 45, 20 — 46, 13 genommen werden kann. Die beiden bestreitenden Sätze 18c und 19a werden verständlicher, wenn sie auf die beiden folgenden Stücke bezogen werden.

Die letzte Kyros-Stelle begegnet in Kap. 48. Hier bietet der Text besondere Schwierigkeiten. Eine Einheit bilden V. 1—11; wo der zweite Teil 12—16 (15?) endet, ist unsicher; beide Teile sind einander in manchem ähnlich. 48, 1—11 ist nachträglich erweitert. Ob man, wie *Begrich,* annimmt, daß zwei Dtjes.-Worte ineinander gearbeitet sind (die eine Linie 4. 5. 6b. 7—10; die andere: 3. 6aβ. 11; a. a. O. S. 171f.) oder ob man eine Hinzufügung von anderer Hand (für 1c. 4—5. 8b—10) annimmt, auf jeden Fall ist das Wort nicht in seiner ursprünglichen Gestalt überliefert.

Die als Zufügung bezeichneten Verse (der letzte Passus von 1 „nicht in Wahrheit und nicht in Gerechtigkeit"; 4—5 und 8b—10) enthalten massive Anklagen gegen Israel, die sonst so bei Dtjes. nicht begegnen. Daher ist eine nachträgliche Erweiterung hier wahrscheinlicher. Ohne diese Erweiterungen ist Kap. 48 in seinen beiden Teilen 1—11 und 12—15 (16) Kap. 46 ähnlich, der Aufbau der Stücke ist etwa parallel. Beide folgen auf einen Ruf, der den Untergang Babylons kündet: 46, 3—12 auf 1—2; 48 dem Spottlied auf den Sturz Babels Kap. 47.

Gemeinsam ist den Stücken:
1. Aufforderung zum Hören mit Anrede an Jakob
2. Gott kündet an und führt aus
3. Berufung des Kyros (in 48, 6 nur angedeutet).

Der Aufbau der drei Stücke ist ähnlich, aber die Gestaltung ist jedesmal ganz frei. 46, 1—13 endet als Heilswort, die Stücke von Kap. 48 nicht,

46, 3—13	48, 1—11	48, 12—16
3f. Hört auf mich, Haus Jakob, die ihr aufgeladen ...	1f. Hört dies, Haus Jakob, die ihr gerufen werdet ...	12 Hör auf mich, Jakob ‚mein Knecht‘, mein Berufener
10 Ich künde von Anfang das Frühere und vorher, was noch nicht geschah	3a Das Frühere von uran tat ich kund	14 Wer unter ihnen hat dies verkündet? 16 Nicht habe ich ... im Verborgenen ...
11b Ich hab es gesagt, ich führ es herbei	3b Plötzlich hab ich gehandelt und es traf ein ...	13b Ich rufe ihnen zu, sie stehen zumal
11a Ich rufe den Stoßvogel vom Aufgang, aus fernem Land den Mann meines Plans	6 Neues lasse ich hören von jetzt an	14f. Der, den er gern hat, wird seinen Willen vollstrecken an Babel. Ich, ich habe es gesagt. Ja, ich habe ihn gerufen

jedenfalls nicht so deutlich und betont. In beiden Kapiteln hat das Gegensatzpaar „das Frühere — Neues" einen wichtigen Platz. Der sonstige Gebrauch dieses Gegensatzpaares ist konzentriert auf die Gerichtsreden „Jahwe — die Völker" in denen allen (außer 41, 1—5) es vorkommt (sonst nur noch 42, 5—9 und 43, 16—19). Das Hauptargument Jahwes in der Gerichtsverhandlung mit den Völkern (bzw. ihren Göttern) bekommt in 46 und 48 eine neue Funktion in der Anrede an Israel, und zwar zugleich als Abweisung des Einwandes Israels (mehr betont in 48) und als Heilsankündigung (mehr betont in 46). Das Neue, das Gott von jetzt an hören läßt (48, 6), ist die Berufung des Kyros. Die Berufung des Kyros und — was allein in dem letzten Kyros-Wort Kap. 48 ausgesprochen wird — die Eroberung Babylons durch Kyros ist Jahwes Wille, den Kyros als der von ihm Berufene vollstreckt. Das ist das für Israel unerhört Neue. Aber das Nebeneinander der drei Stücke zeigt: Dtjes. sieht dieses Neue im Zusammenhang mit Jahwes bisherigem Geschichtshandeln, das von Anfang an bestimmt war von der Kontinuität von Wort und Tat Jahwes. Das wird in allen drei Stücken, wenn auch mit verschiedenen Akzenten, dargestellt. Die drei Stücke, in denen das Motiv „das Frühere — das Neue" ein an Israel gerichtetes Wort ist (46, 3—4; 48, 1f.), werden durch die emphatische Verkündigung von Babylons Fall, auf die sie deutlich bezogen sind, abgehoben von den Worten, in denen das gleiche Motiv ein Wort an die Völker ist. Dort lag das ganze Gewicht auf dem Ankündigen; hier (in 46 und 48) liegt es auf dem Eintreffen des Angekündigten. Der Fall Babylons (47) und der Fall seiner Götter (46, 1–2) soll *zu Israel* sprechen. Und unter dem Hall dieses Ereignisses, mit dem für Israel das „Neue" beginnt, soll es hören, daß darin *der* Gott am Werk ist, der auch das „Frühere" ankündigte und durchführte. Sofern das „Höre!" sich an den Zweifel wendet, steht das Wort dem Disputationswort näher (besonders in Kap. 48); sofern es sich an das „mutlose" Israel richtet, dem Heilswort (besonders in Kap. 46).

In Kap. 48 wie in Kap. 46 sind die übergreifenden Gesichtspunkte stärker als die Formgesetze der Gattung. Durchdachte Komposition ist hier nicht von der Hand zu weisen.

Die übergreifenden Gesichtspunkte sind vom Ganzen her bestimmt: Die Gerichtsreden an die Völker, die Kap. 41 einsetzen, reichen bis 45, 20–25. Das in ihnen beherrschende Motiv des Ankündigens und Eintreffens ist hier das entscheidende Argument Jahwes gegenüber den Göttern der Völker. Die Rechtsverhandlung, in der die Nichtigkeit der Götter erwiesen wird, bricht in 45, 20–25 um in die Einladung an die „Entronnenen der Völker", sich zu Jahwe und zu seinem Heil zu wenden.

Dasselbe Motiv wird in der Anrede an Israel in 46 und 48 im Angesicht der Katastrophe Babylons und seiner Götter die Bestätigung für Israel, daß in diesem „Neuen" wirklich Jahwe am Werk war und daß dieses Ereignis fest in seinem Geschichtsplan verankert ist, in dem von Anfang an Wort und Tat Jahwes in verläßlichem Zusammenhang stehend die Kontinuität der Geschichte Gottes mit seinem Volk verbürgen.

Damit aber ist die Fugierung dieses Motivs, das in Kap. 41 einsetzte, zu seinem Ende gekommen. Es begegnet nur zwischen 41 und 48, und zwar in zwei Gängen entwickelt, deren Ziel je in 45, 20–25 und 48, 12–16 erkennbar ist. Mit 45 Ende ist die Gerichtsrede an die Völker abgeschlossen, mit 48 Ende die das Motiv enthaltende Anrede an Israel. Ob zwischen Kap. 48 und 49 ein Einschnitt liegt, ist viel diskutiert worden. Die Untersuchung der Gerichtsreden und der Weiterführung ihrer Motive in Kap. 46 und 48 hat gezeigt, daß mit Kap. 48 ein *Teil* beschlossen ist und mit Kap. 49 ein neuer Teil einsetzt.

Die (eschatologischen) Loblieder

Den sichersten Anhalt für eine bewußte Gliederung des Deuterojesajabuches geben die (eschatologischen) Loblieder: (40, 9—11); 42,
10—13; 44, 23; 45, 8; 48, 20—21; 49, 13; 51, 3 (? fragm.); 52, 9—10;
(54, 1—2). Diese Lieder zeigen die auffälligste Übereinstimmung und
die festeste Struktur von allen Einheiten Deuterojesajas. Hier kann
kein Zweifel sein, daß es sich um eine selbständige Gattung mit fester,
ausgeprägter Struktur handelt, und zwar eine spezifische Psalmengattung. Ich habe die Eigenart dieser „eschatologischen Loblieder" in
meiner Arbeit: „Das Loben Gottes in den Psalmen" (S. 108—110) dargestellt. Die Struktur ist in den Hauptzügen bei allen Liedern die
gleiche: Imperativischer Lobruf (z. T. erweitert), begründet mit einem
Perfekt: „denn Jahwe hat getan". Das Eigentümliche dieser Psalm-
struktur liegt darin, daß der imperativische Lobruf in den Psalmen
durchweg (es gibt nur ganz wenige Ausnahmen) das beschreibende Lob
einleitet, d. h. Sätze, die nicht im Perfekt von einem einmaligen Faktum
reden, sondern solche, die Gott in seinem Tun und in seinem Sein im
ganzen loben (a. a. O.). In den „eschatologischen Lobliedern" (die Bezeichnung ist von *Gunkel* übernommen, der von „eschatologischen
Hymnen" spricht) hat sich diese imperativische Einleitung mit einem
berichtenden Hauptteil verbunden, einem Bericht jedoch, der nur
scheinbar auf schon Geschehenes zurückblickt, in Wirklichkeit aber von
einem angekündigten Ereignis spricht, *als sei es schon geschehen*. Dieses
Perfekt der prophetischen Ankündigung, das genau so perfektisch von
Gottes kommender Heilstat spricht wie die frühere prophetische Un-
heilsankündigung das kommende Unheil als schon geschehen in der
Ankündigung vorausnahm, kennen wir als einen wesentlichen Zug der
Prophetie Dtjes.' in einer anderen Form: der Heilszusage, der perfek-
tischen Zusage der erbarmenden Zuwendung Gottes in der Form des
Heilsorakels. Wie dort ist auch bei den „eschatologischen Lobliedern"
anzunehmen, daß es sich um eine Neubildung Dtjes.' handelt (a. a. O.,
S. 108f.). Als ein Beispiel diene die Mitte des Liedes 48, 20f.:

> „Kündet mit jubelnder Stimme, laßt dies hören,
> bringt es hinaus bis ans Ende der Erde:
> Sagt: Erlöst hat Jahwe seinen Knecht Jakob!"

Während die Botschaft Dtjes.' an vielen Stellen Psalmmotive aufweist,
diese aber immer anderen spezifisch dem Auftrag des Propheten zuge-
hörenden Formen einfügt, handelt es sich hier um wirkliche Psalmen.

Auch hier baut Dtjes. auf den traditionellen Psalmformen auf, er schafft aber aus den übernommenen Elementen eine neue, eigene Psalmgattung, genauer eine neue Form des Lobpsalms.

Die Funktion dieser Psalmen im Ganzen der Prophetie Dtjes.' ist ohne weiteres klar: Es ist ein Ruf zum Lob, eine Aufforderung zu künden, hören zu lassen, daß Jahwe seinen Knecht Jakob erlöst hat. In solchem Künden sollen die Angeredeten *jetzt* schon der Erlösungstat Gottes an Israel antworten im Loblied. Ein Responsorium auf die Ankündigung der Erlösungstat Gottes, das, indem es vor dem Eintreffen dieser Tat erhoben wird, das glaubende Ja der Hörenden zu dieser Botschaft zum Ausdruck bringt. Es kann hier von „eschatologischem" Loblied in Anlehnung an den neutestamentlichen Terminus gesprochen werden, weil die erst zukünftige Gottestat im Reden bzw. im Singen des Glaubens als Gegenwart angenommen und bejaht wird.

Dies ist wohl die kühnste Neubildung Deuterojesajas. Man kann zwar nicht sagen, daß diese Lieder[34] selbst die Psalmen darstellen, die von der exilischen Gemeinde in ihren Gottesdiensten auf die Verkündigung Dtjes.' hin gesungen werden sollen; wohl aber sind sie Aufforderung zu solchem Singen, die, wie in den überlieferten Lobpsalmen, zum Bestandteil des Psalms selbst geworden sind[35] und insofern eindeutig auf das gottesdienstliche Lied, auf den gottesdienstlichen Psalm weisen. Bei dieser Gattung ist eine Beziehung der Verkündigung Dtjes.' zum Gottesdienst gar nicht zu leugnen, sie ist offenkundig. Ihr Sinn aber ist gänzlich mißverstanden, wenn man sie nur für hymnische Ornamentik hält, wie das in vielen Erklärungen geschieht; sie haben vielmehr für Dtjes.' Verkündigung eine vitale Bedeutung: die Botschaft von der Erlösung Israels muß ein Echo finden; nicht erst nachdem sie eingetreten ist, wie das beim ersten Exodus war (Ex. 15), sondern schon jetzt. Man könnte sagen, hier liegt der Ursprung des *Glaubensliedes;* eines Liedes, das als geschehen vorausnimmt, was noch nicht geschehen ist, für den Glaubenden aber schon als Faktum bejaht wird.

Zum Einzelnen nur wenige Hinweise:

I. Der perfektische Teil:

> 48, 20: „Sagt: Erlöst hat Jahwe seinen Knecht Jakob!"
> 44, 23: „Denn Jahwe hat Jakob erlöst,
>   an Israel sich verherrlicht."

---

34. Hier ist es wirklich berechtigt von Liedern zu sprechen; bei den ebed-Stücken ist diese ganz allgemein üblich gewordene Bezeichnung sehr fraglich.
35. Vgl. ‚Das Loben Gottes . . .', S. 92.

49, 13: „Denn getröstet hat Jahwe sein Volk,
     seiner Elenden sich erbarmt."
51, 33: „Denn Jahwe hat sich Zions erbarmt,
     erbarmt sich all seiner Trümmer."
45, 8: „Ich, Jahwe, habe es geschaffen."
52, 9: „Denn erbarmt hat sich Jahwe seines Volkes.
     erlöst Jerusalem."
   10: „Entblößt hat Jahwe seinen heiligen Arm
     vor den Völkern allen."
42, 13: „Jahwe zieht aus wie ein Held
     wie ein Kriegsmann weckt er den Eifer.
     Er erhebt den Kriegsruf, den Schlachtschrei,
     zeigt sich als Sieger über seine Feinde."

In diesem perfektischen Teil zeigt sich eine erstaunlich weitgehende Übereinstimmung. Es gibt nur eine Variante: An der Stelle des Satzes ‚Jahwe hat Israel erlöst' o. ä. ist in 52, 10 und 42, 13, also im ersten und letzten der Lieder, die Erlösungstat Gottes als sein Sieg beschrieben (an die Sprache der Lieder des Jahwe-Krieges erinnernd); im letzten Lied (52, 9 und 10) sind beide Aussagen vereint. Hier liegt, was die Sätze und was die Vokabeln betrifft, das am festesten geprägte und am häufigsten gleichartig begegnende Motiv bei Dtjes. überhaupt vor. Wenn von dieser sehr festen Form nur 45, 8 abweicht, wo die Erlösungstat Gottes eine Aussage Gottes in der 1. pers. ist: „Ich, Jahwe, habe es geschaffen", so hat das seinen Sinn: Dieses Lied schließt 44, 24—45, 7 ab, das im Ganzen der Verkündigung Dtjes.' einzigartig ist und in dem der ganze Nachdruck eben darauf liegt, daß *Jahwe* es ist, der in der Erweckung des Kyros gehandelt hat. Hier zeigt es sich unabweislich, daß die Lieder inhaltlich auf die Worte bezogen sind, die durch sie abgeschlossen werden.

Manchmal ist der perfektische Teil erweitert: in 48, 21: Führung und Bewahrung in der Wüste; ähnlich 51, 3: „Und er machte ihre Wüste wie Eden ...“; dazu 52, 10: die Heilstat Gottes geschieht „vor den Völkern allen, und es sehen alle Enden der Erde das Heil unseres Gottes".

II. Der imperativische Teil:

Daß es die angeredete Gemeinde im Exil ist, die zu solchem Lob der Erlösungstat Gottes aufgerufen ist, ist nur einmal, im letzten Lied ausgesprochen (52, 9), auch hier nur im Bild:

    „Brecht aus, jubelt zumal, ihr Trümmer Jerusalems ..."

Daß die Exilierten angeredet sind, geht klar hervor aus 48, 20:

„Zieht aus von Babel, flieht von Chaldäa!
Kündet mit jubelnder Stimme, laßt dies hören ...".

Sonst ist es überwiegend die das Drama der Heimkehr umgebende
Kreatur, die zum Jubel aufgefordert wird, 44, 23:

„Jauchzet ihr Himmel ...
Ruft laut, ihr Tiefen der Erde!
Brecht aus, ihr Berge in Jubel,
du Wald mit all deinen Bäumen ...".

Ähnlich in 42, 10—12; 45, 8; 49, 13; (55, 12). Daß es sich bei dieser
Aufforderung an die Kreatur um eine Erweiterung des Forums des
Lobes, also um ein *Einstimmen* aller Kreatur in den Jubel der Erlösten
handelt (genau wie in den Psalmen, a. a. O., S. 99), das zeigt deutlich
42, 10ff., wo diese Aufforderung jussive Erweiterung des Imperativs
der ersten Zeile ist:

„Singet Jahwe neuen Sang, sein Lob vom Ende der Erde!
Es brause das Meer und was es füllt ...
Es juble die Wüste ...".

In diesem imperativischen Teil der eschatologischen Loblieder hat
Dtjes. in wahrhaft genialer Weise ein Psalmmotiv aufgenommen und
mit seiner Botschaft verbunden. So wie in den beschreibenden Lobpsalmen die Majestät und die Güte Gottes von der ganzen umgebenden
Kreatur gelobt werden muß, weil die Stimmen der gottesdienstlichen
Gemeinde zu wenig sind als Responsorium und das Gotteslob sich aus-
weiten muß in immer weitere Kreise, genau so ist es bei dieser nun
ganz nahen Erlösungstat Jahwes an seinem verlorenen Israel: die ganze
Kreatur muß in das Lob dieser Gottestat einstimmen, damit das Responsorium der Größe dieser Tat gemäß werde. Auch das zeigt, wie
tief diese Loblieder im Ganzen der Verkündigung Dtjes.' verwurzelt
und mit ihm verbunden sind.

Damit ist auch schon von vornherein klar, daß diese Lieder nicht
zufällig über die Kapitel des Buches verstreut sein können, daß sie
nicht als ornamentale Fresken, „hymnisches Zwischenspiel" oder ähnlich, verstanden werden dürfen.

Fragt man nach der Funktion dieser Loblieder im Aufbau des Dtjes.-
Buches, so ergibt sich schon aus ihrer Bestimmung als Responsorium,
als Antwort, daß sie der Verkündigung folgen. Daß sie als Abschlüsse
gemeint sind, habe ich schon früher angenommen[36], es wird auch von

36. ‚Das Loben Gottes ...', S. 109: „... daß diese eschatologischen Loblieder an
mehreren Stellen deutlich Abschluß eines größeren Zusammenhanges sind".

anderen Auslegern gelegentlich angenommen. Die deutlichste Analogie sind die doxologischen Abschlüsse der Psalmbücher. Daß diese in der Sammlung des Psalters schon eine Vorgeschichte haben und schon bei der Entstehung der Teilsammlungen eine Rolle spielten, habe ich an anderem Ort gezeigt[37]. Sie begegnet auch in Prophetenbüchern; so ist das Loblied Jes. 12 Abschluß der Sammlung 1—11, wie allgemein anerkannt ist. Für den Aufbau des Dtjes.-Buches hätten diese Lieder dann eine besondere Bedeutung. Könnte man in ihnen Abschlüsse größerer Texteinheiten sehen, so wäre damit eine Gliederung in größere Teile möglich. Man muß jedoch bei der Verfolgung dieser Möglichkeiten sehr behutsam vorgehen, man kann nicht unbesehen jedes der Lieder zur Schlußdoxologie der vorangehenden Texteinheiten erklären. An welchen Stellen ist die abschließende Funktion evident?
1. Zunächst bei 52, 9—10, vor dem letzten ebed-Lied. Hier folgt allerdings noch der Ruf zum Auszug 11—12; jedoch auch dies scheint kompositorische Absicht zu sein; denn dieselbe Verbindung mit dem Ruf zum Auszug findet sich noch einmal in 48, 20f. (an beiden Stellen tritt außerdem der Weg durch die Wüste hinzu). Diese Verbindung mit dem Ruf zum Auszug begegnet also in den Abschlüssen der beiden Teile des Buches: 40—48 und 49—52. In 48, 20—21 ist die abschließende Funktion ebenfalls evident[38]. An diesen beiden Stellen trifft die Annahme, daß in den Lobliedern Schlußstücke vorliegen, mit davon unabhängigen Annahmen zum Aufbau des Dtjes.-Buches zusammen: daß im Ganzen des Dtjes.-Buches mit Kap. 49 ein neuer Teil beginnt, ist von vielen Forschern angenommen worden; daß die Kapitel 54—55 (nach dem letzten ebed-Lied) im Ganzen des Buches einen besonderen Teil darstellen, wurde besonders von *Elliger* herausgearbeitet[39]. Beide Annahmen werden gestützt durch die abschließende Funktion von 48, 20f. und 52, 9—10.
    Eindeutig ist die abschließende Funktion auch bei 44, 23. Mit 44, 24 beginnt etwas Neues; der neue Einsatz ist an der breiten Ausführung der Einleitung (44, 24—28) des Kyros-Orakels (45, 1—7) zu erkennen. Aber auch inhaltlich ist der Sinn eines Abschlusses vor 44, 24 zu erkennen: das Heilsorakel in reiner Ausprägung begegnet nur *vor* diesem

---

37. Zur Sammlung des Psalters, Theologia Viatorum 1961/62, S. 278—284, s. u. S. 336ff.
38. So auch *Duhm:* „das Lied V. 20f. eine Art Abschluß". Der ganz für sich stehende Satz 48, 22, der auch am Ende von Kap. 57 steht, ist hier sicher ein Zusatz.
39. ‚Deuterojesaja in seinem Verhältnis zu Tritojesaja', 1933, S. 135—166.

Abschluß; 44, 24—48 Ende stellt offen die weltgeschichtlichen Ereignisse in die Mitte: Kyros (44, 24—45, 7), Sturz der Götter Babylons (46, 1—2), Fall Babylons (47).
An diesen drei Stellen also (44, 23; 48, 21f.; 52, 9f.) ist die abschließende Funktion des Lobliedes eindeutig zu erkennen[40]. Sie stehen hier am Ende je eines Teiles des Buches und machen diese Teile kenntlich: 40 (oder 41) bis 44, 23; 44, 24—48; 49—52[41].
2. Die auf die ebed-Worte in Kap. 42; 49; (und 50) folgenden Loblieder: Nicht klar ist die Stellung von 49, 13. Deutlich ist zwar, daß diesem Lied ein in sich geschlossener größerer Komplex folgt (49, 14—26); jedoch nicht klar ist, welcher Komplex mit 49, 13 abgeschlossen werden soll. 49, 1—6 ist das zweite ebed-Lied; 49, 7—12 ist schwer zu bestimmen und scheint im Text gestört. Eine deutliche, einen Teil abschließende Funktion des Liedes 49, 13 ist nicht zu erkennen.
Dasselbe ist der Fall bei dem ersten Lied, 42, 10—13. Auch hier geht ein ebed-Lied voran, 42, 1—4. Es folgt auch hier in 42, 5—9 ein anscheinend in nahem Zusammenhang mit dem ebed-Lied stehendes, nach Sinn und Form schwer zu bestimmendes Stück (von vielen wird es als mit 42, 1—4 zusammengehörig oder als zweites ebed-Lied angesehen), auffällig parallel zu Kap. 49. Diese formale Parallele in Kap. 42 und 49 gibt zu denken; sie wird nicht zufällig sein. Ich vermute, dieser Tatbestand weist darauf, daß in beiden Fällen das ebed-Lied einer schon bestehenden Ganzheit eingefügt wurde und daß mit dieser Einfügung ein tiefer Eingriff in das bestehende Ganze verbunden war, der den jetzigen nicht mehr ganz zu klärenden Textbestand herbeiführte.
Es ist möglich, daß der gleiche Tatbestand beim dritten ebed-Lied noch einmal vorliegt, doch kann das nur vermutet werden. Auf das ebed-Lied 50, 4—9 folgt V. 10—11 eine Mahnung und Warnung, die nach Sprache und Inhalt nicht zu Dtjes. gehört (so *Duhm, Elliger* u. a.). Die dann folgenden Verse 51, 1—2 wirken merkwürdig abrupt, hier scheint die ursprüngliche Ordnung gestört zu sein (gehört V. 1—2 mit 4—8 zusammen?). Sicher ist, daß 51, 3 nicht mit V. 1—2 zusammen-

---

40. Auch in *Muilenburgs* Gliederung sind diese drei Lieder Abschluß eines Teiles.
41. Die Besonderheit des Kyros-Orakels 44, 24—45, 7 legt nahe, daß auch 45, 8 als doxologischer Abschluß dieses einzigartigen Stückes gemeint ist. Dem entspricht, daß 45, 8 in seinem perfektischen Teil, von allen anderen Lobliedern abweichend, eng auf das Kyros-Orakel bezogen ist: „Ich, Jahwe, habe es geschaffen!". Eine Schwierigkeit ist, daß das Lied 45, 8 *vor* 45, 9—13 steht, das inhaltlich nahe zum Kyros-Orakel hinzugehört (daher nennt *Muilenburg* 45, 8 ein „lyrical interlude").

gehört. V. 3 entspricht dem perfektischen Teil der Loblieder. Es ist anzunehmen, daß der zu ihm gehörige imperativische Teil ausgefallen ist. Dann folgte auf das ebed-Lied 50, 4—9 ebenfalls nach einem Zwischenstück ein Loblied, von dem jetzt nur noch V. 3 erhalten ist. 3. Ergebnis: Für die Stellung der „eschatologischen" Loblieder hat sich ergeben: 44, 23; 48, 21f. und 52, 9f. schließen einen größeren Teil des Buches ab, 45, 8 das Kyros-Orakel, 42, 10—13; 49, 13 und 51, 3 (?) je ein ebed-Lied mit Anhang (oder Anhängen). Die abschließende Funktion der Lieder ist damit nachgewiesen.

Da die ebed-Lieder, die von der Untersuchung bewußt ausgeklammert wurden, nur an dieser Stelle berührt worden sind, sei hier zusammengefaßt, was sich für sie ergeben hat:

Für die ebed-Lieder ergibt sich aus der bisher dargestellten Struktur des Buches folgendes:

a) einen organischen, aus dem Ganzen oder seinen Elementen sich als notwendig ergebenden Bestandteil dieses Ganzen bilden sie nicht. Es kann als sicher angenommen werden, daß sie nicht zugleich mit diesem Ganzen konzipiert sind.

b) Ob sie von Deuterojesaja, also dem in 40—55 sprechenden Propheten stammen oder nicht, kann nur von der Exegese der Lieder selbst entschieden werden, die hier nicht gegeben werden konnte. Das Folgende setzt voraus, daß Dtjes. der Verfasser der ebed-Lieder ist. (Die eindeutigen Verbindungsstellen scheinen mir das Gerichtswort an Israel 43, 22—28 und das Gerichtswort an die Völker 45, 20—25 zu sein).

c) Die ebed-Lieder stellen dann im Deuterojesajabuch eine selbständige Überlieferungsschicht dar. Sie sind an die Stellen, an denen wir sie jetzt finden, *nachträglich* eingefügt, mit der ausdrücklichen Absicht, sie dadurch zu einem Bestandteil dieser Gesamtbotschaft Dtjes'. zu machen.

d) Das deutlichste Zeichen dafür ist die Tatsache, daß an die ersten zwei oder die ersten drei dieser ‚Lieder' eines der ‚eschatologischen Loblieder' gefügt wurde: die Gemeinde soll *mit demselben Responsorium* diese ebed-Worte annehmen und bejahen, mit denen sie den anderen Teilen der Botschaft Dtjes.' antwortet (42, 10—13; 49, 13; 51, 3 (fragm. ?). (Zu vergleichen ist das gleiche Responsorium nach dem Kyros-Orakel 45, 8.) Wenn dem letzten der ebed-Lieder, 52, 13—53, 12, ein solches Lied nicht angefügt ist, so scheint das zu zeigen, daß es nicht zugleich mit den drei anderen Liedern, sondern nach ihnen angeführt wurde. Dafür spricht auch, daß allein dieses letzte Lied nicht ein-, sondern angefügt wurde (ob vor oder nach dem Hinzukommen von 54—55, wird kaum auszumachen sein).

e) Zusammen mit den ebed-Stücken wurden Erweiterungen oder Anhänge eingefügt: Zu 42, 1—4 das Stück 5—9; zu 49, 1—6 das Stück 7—12; zu 50, 4—9 das Stück 10—11 (und vielleicht 51, 1—2). Alle diese Zufügungen bieten Schwierigkeiten der Zuordnung und der Erklärung, ihre Auslegung ist besonders umstritten.

Zusammenfassung

AUFBAU, REDEFORM UND BOTSCHAFT DEUTEROJESAJAS

Der Aufbau des Buches

Die größeren Teile des Buches können durch die sie abschließenden Loblieder abgegrenzt werden. Jeder dieser Teile hebt sich formal und inhaltlich klar von den anderen ab. Am deutlichsten hebt sich der Mittelteil, Kap. 45—48, heraus. Er beginnt mit dem Kyros-Orakel, und mit dem Eingreifen Jahwes durch Kyros haben es alle Teile in 45—58 direkt oder indirekt zu tun. Von Kap. 49 an begegnen Kyros-Worte nicht mehr.

Auch Kap. 40—44 stellen einen eindeutig erkennbaren selbständigen Teil dar. Nur dieser Teil enthält in voneinander gesonderten Einheiten die grundlegenden Redeformen Dtjes.', das Heilsorakel, die Heilsankündigung und die Gerichtsreden.

Der Teil 49—53 ist nicht so klar formal und inhaltlich zu bestimmen. In diesem Teil sind die stärksten Eingriffe in den Text zu erkennen, die vielleicht mit der Einfügung der ebed-Lieder zusammenhängen, von denen drei diesem Teil ein- oder angefügt sind.

Der Teil 54—55 ist von den vorangehenden dadurch unterschieden, daß die Heilsankündigung dieser Kapitel durchweg auf eine Heilszeit oder einen Heilszustand geht, nicht mehr auf ein Heilsereignis. Das Stichwort dieser Kapitel ist daher der (neue) Bund.

Das Ganze ist durch den Prolog (40, 1—11) und den Epilog (55, 6—11) in einen Rahmen gefügt; das die Geschichte schaffende, bewegende und erneuernde Wort Gottes ist das Erste und das Letzte in der Botschaft Dtjes.'. Die nun folgende Skizze des Aufbaues hebt nur die wesentlichen Linien heraus, Einzelheiten lassen sich aus der vorangehenden Untersuchung ergänzen.

Kap. 40—44
    40, 1—11: Prolog, Tröstet!
    40, 12—31: Bestreitung der Klage Israels und Trost
        41—44: Heilszusage
            Heilsankündigung
            Gerichtsrede Jahwe — die Völker
            Gerichtsrede Jahwe — Israel
Abschließendes Loblied: 44, 23

Eingefügt in 41—44:
das I. ebed-Lied 42, 1—4 mit Anhang 5—9
und abschließendem Loblied 42, 10—13
Götzenpolemik 40, 19—20 mit 41, 6—7
44, 9—20 mit Abschluß 21—22

Kap. 45—48
44, 24—45, 7: Das Kyros-Orakel mit abschließ. Loblied 45, 8
und Anhängen 45, 9—13 und 14—17
45, 18—46, 13: Der Sturz der Götter Babylons (46, 1—2)
die Entronnenen der Völker (45, 20—25)
und der Rest Israels (46, 3—13)
47—48: Spottlied auf den Sturz Babylons (47)
und Heilswort für Israel (48)
Abschließendes Loblied: 48, 20—21
Spätere Zufügungen: 46, 5—8; 48, 17—19 und 22; Teile von
48, 1—11

Kap. 49—53:
49, 14—26: Bestreitung der Klage Israels und Heilsankündigung
51, 9—52, 6: Zur Heilsankündigung gewandelte Klage
Eingefügt: II., III., und IV. ebed-Lied:
49, 1—6 (mit Anhang 7—12) und Loblied V. 13
50, 4—9 (mit Anhang 10—11) und Loblied 51, 3 (?)
52, 13—53, 12: Der leidende Gottesknecht
Fraglich: 50, 1—2 (3); 51, 1—2; 51, 4—5; 6—8; 52, 3—6;
Abschließendes Loblied 52, 7—10
und Ruf zum Auszug aus Babylon V. 11—12

Kap. 54—55:
Ankündigung der neuen Heilszeit für Israel; der Bund
55, 6—11: Epilog (das Wort Gottes)
12—13: Abschließende Ankündigung der Heimkehr.

Die Redeformen und die Botschaft

Die Redeformen, die Dtjes. gebraucht, erwachsen aus dem Auftrag
dieses Propheten. Dies läßt sich daran zeigen, daß alle wichtigen Redeformen in den Teilen des Prologs[42] vorgegeben oder verwurzelt sind.

42. Der Prolog selbst (40, 1—11) läßt eine vorgegebene Form nicht erkennen. Er ist
zu erklären als eine Kette von Rufen oder Befehlen, in denen der Ruf am Anfang

Heilsorakel (oder Heilszusage): In 40, 1—2 ist das Heilsorakel als perfektische Heilszusage formal und inhaltlich begründet. Formal: Der Auftrag, Israel zu trösten, wird in Vers 2 in der Weise entfaltet, daß die an Israel auszurichtende Botschaft eine perfektische ist: es ist Israel zu verkünden, *daß etwas geschehen ist.* Das entspricht dem perfektischen Kern der Heilszusage. Inhaltlich: die Wende für Israel ist darin begründet, daß Gott ihm vergeben hat: „daß abgezahlt ihre Schuld". Die Heilszusage ist vielfach identisch mit der Erhörungszusage.

Die Gerichtsrede: Sie ist nicht so direkt und nicht ohne weiteres erkennbar, jedenfalls nicht in ihrer Form. In dem zweiten Befehl, V. 3—5, den Weg für Jahwe in der Wüste zu ebnen, geht es um das Eingreifen Jahwes in die Geschichte. Darum geht es in den Gerichtsreden. Das Eingreifen Jahwes in die Geschichte, um Israel einen Weg durch die Wüste in seine Heimat zu bahnen, vollzieht sich durch die Berufung des Kyros, der sein Werk ausführen soll. Um die Berufung des Kyros geht es in den Gerichtsreden und im Kyros-Orakel.

Die Disputationsrede oder Bestreitung: Im dritten Befehl V. 6—8 ist die Berufung des Propheten angedeutet. Der Berufung setzt der Prophet den Einwand entgegen, der ihm selbst dann in seinem Wirken immer wieder begegnet: der Einwand, der in der Klage des Volkes seinen Ausdruck findet: eine Heilsbotschaft hat keinen Sinn mehr, das Volk ist dem sicheren Untergang verfallen (hier verbergend in die allgemeine Vergänglichkeitsklage gefaßt). Die Disputationsrede oder Bestreitung bei Dtjes. faßt in den meisten Fällen das Argument, das von Dtjes. bestritten wird, in die Worte und Motive der Volksklage. Das entspricht der Entgegnung in den Worten der Klage in 40, 6—8.

Das „eschatologische Loblied" ist in 40, 9—11 in der Weise begründet, daß Zion-Jerusalem zu dem Jahwes Kommen begrüßenden Lied aufgefordert wird. In V. 9 wird der Ruf der Heilszusage „Fürchte dich nicht!" weitergeführt in der Aufforderung, dieses Lied der Freude über Jahwes Kommen anzustimmen.

Die Heilsankündigung ist in keinem besonderen Teil des Prologs begründet; Motive der Heilsankündigung ziehen sich durch den Prolog hindurch; am deutlichsten finden sie sich in den letzten Sätzen V. 10 bis 11, aber nicht direkt, sondern im Bild des Advents Gottes. Selbst das entspricht der Stellung der Heilsankündigung im Dtjes.-Buch, die

---

(„Tröstet ...!") weitergeführt wird, ähnlich dem Befehl eines Heerführers, der in Ausführungsbefehlen aufgenommen und weitergeführt wird.

meist in Verbindung mit einer der anderen Formen, besonders mit dem Heilsorakel oder dem Disputationswort, begegnet. Damit ist erwiesen, daß die Redeformen, die Dtjes. benutzt, in seiner Botschaft selbst begründet sind. Es handelt sich bei ihnen nicht um von außen angelegte Schemata, sondern um die von der Sache her notwendigen Ausdrucksformen.

Genau so aber, wie diese im Prolog vorgegebenen Motive der Hauptredeformen in ihm nicht lose und zufällig aneinandergereiht sind, sondern ein sinnvolles Ganzes darstellen, genauso ist die Botschaft Dtjes.', wie sie uns in Jes. 40—55 vorliegt, *nicht* eine Sammlung von Einzelstücken, die je verschiedenen Redegattungen angehören, sondern ein aus diesen Redeformen erwachsenes sinnvolles Ganzes. Beides muß gleich sorgfältig und als gleich bedeutsam berücksichtigt werden: die je von ihrer Gattung her zu verstehenden einzelnen Teile und die Zusammenhänge, in die gefügt sie uns vorliegen. Weder eine einseitige Sicht von den Redegattungen her noch eine einseitige Sicht von gedanklichen Zusammenhängen her wird dem Dtjes.-Buch gerecht.

Erst unter Berücksichtigung beider Gesichtspunkte wird der erstaunliche Reichtum und die universale Vielseitigkeit der Verkündigung Dtjes.' deutlich. Die übliche Fragestellung, ob die Botschaft Dtjes.' universal oder partikularistisch („national beschränkt") sei[43], wird dem Charakter der Verkündigung Dtjes.' keineswegs gerecht. Deuterojesaja verkündet die Zukunft einer zerbrochenen Geschichte und, indem er dies tut, sieht er das zukünftige Handeln Gottes an dem zerbrochenen Rest Israels in universaler Weite:

1. Der Erlöser Israels ist der Schöpfer.
2. Als Schöpfer ist Jahwe Herr seiner Schöpfung *und daher* Herr der Geschichte.
3. Als Herr der Geschichte führt *er* die großen Wendungen in der Geschichte herbei.
4. Es ist der Erlöser Israels, der Kyros zu seinem Werk erweckt.
5. Damit fällt der Anspruch aller anderen Götter auf Göttlichkeit.

Daß Jahwe *der Eine* ist, bestimmt die Geschichte der Menschheit. Indem Dtjes. in seiner Botschaft die prophetische Ankündigung als in die Geschichte Israels ergehendes und ihr Kontinuität verleihendes

---

43. Das letztere betont mit großem Nachdruck jetzt wieder *P. A. H. de Boer,* Second Isaiah's Message, Leiden 1956, Chapter V: „The limits of Second-Isaiah's Message".

Gotteswort mit dem Lob des Schöpfers und des Herrn der Geschichte als gottesdienstlichem Wort verschmilzt, erweitert er diese Kontinuität der Geschichte Israels als Geschichte Gottes mit seinem Volk ins Universale. Daß Gott als der Schöpfer auch der Herr der Weltgeschichte ist, war für Israel nicht neu, als solcher wurde er in den Gottesdiensten Israels preisend proklamiert. Neu aber war — und darin liegt die eigentliche Bedeutung der Prophetie Deuterojesajas —, daß diese Proklamation Jahwes als des Herrn der Geschichte angesichts der zerstörten Geschichte Israels in den Horizont der Weltgeschichte vorgetragen wird.

Eben das findet seine Darstellung in den von Deuterojesaja benutzten Redeformen in seiner universalen, die bisherigen Grenzen sprengenden Sprache. Er vereint die Sprachformen zweier bisher gesonderter Bereiche: die Sprachformen der Prophetie und die der Psalmen.

Mit der Verschmelzung ist eine Ausweitung jedes dieser Bereiche verbunden: Die Prophetie durchbricht die Grenze des Kreises, in dem sie sich bisher bewegte. Sie war bestimmt durch die politische Geschichte Juda-Israels und das Gegenüber zur zentralen politischen Instanz des Königtums. Bei Dtjes. richtet sich die Ankündigung auf weltgeschichtliche Ereignisse, in denen Jahwe für sein Volk durch den König einer außerisraelitischen Weltmacht handelt.

Die Sprache der Psalmen wird ebenfalls ins Universale ausgeweitet. Indem Dtjes. die Reste seines Volkes herausreißt aus der ständigen Rekapitulation der Klage, in der sie sich an das Eigene und an das Gestrige klammern; indem er ihnen das in der neuen Lage paradox, ja sinnlos erscheinende Gotteslob neu erschließt, weist er sie zu den Sternen, in die majestätische Weite der Schöpfung, weist er sie, auf Kyros zeigend, in die Weite der Weltgeschichte, und läßt sie darin doch nur realisieren, was sie seit alters in ihren Gottesdiensten gesagt und gesungen hatten. Es war aber etwas völlig anderes, den Schöpfer zu preisen auf dem sicheren Boden des eigenen Landes und im Genuß der Gaben dieses Landes; den Herrn der Geschichte zu preisen vom sicheren Bereich der eigenen völkischen Existenz aus, die Geschichte der großen Taten Gottes am eigenen Volk im Rücken. Etwas anderes bedeutete es, dasselbe zu tun auf fremdem Boden und nach dem Sturz in die Vernichtung.

Eine Ausweitung ins Universale könnte man bei Dtjes. auch in der Sprache des Rechts finden. Israel hat seine Rechts-Institutionen verloren und steht unter fremdem Recht. Aber seinem Gott gegenüber wird sein Rechtsstandpunkt von Dtjes. ernst genommen, hier ist es Rechtsperson, hier kann es Recht erwarten. Darum ist die Anklage, die es aus seiner Verlorenheit gegen seinen Gott erhebt, *nicht* ins Nichts geredet, sondern sie wird auf fremdem Boden von dem Gott, der nach der Zerstörung des Kultes eigentlich gar nicht mehr existieren könnte, angehört. Indem Gott diese Anklage *bestreitet* (die Disputationsreden und die Gerichtsreden „Jahwe-Israel"), bejaht er die zerstreuten Reste Israels als Rechtsperson; er hört die Anklage und antwortet ihr. So sind die einzelnen Exilierten oder Gruppen von Exilierten durch die Anrede Gottes im Rechtsstreit wieder „corporate personality", sind sie trotz allem Israel; aber die hier neu anhebende Geschichte zwischen Gott und diesem „Rest" ist an die rechtlichen und politischen Institutionen Israels nicht mehr gebunden.

Dazu aber kommt eine vollkommen neue rechtliche Konstellation: die Völker und ihre Götter stehen Jahwe im Rechtsstreit gegenüber! Dies widerspricht allen überkommenen Traditionen und Vorstellungen; dies ist unerhört, und hier erfährt Dtjes. offenbar harten Widerspruch von seinen Mitgefangenen. Bisher gab es eine Auseinandersetzung zwischen Jahwe, dem Gott Israels, und den Göttern der Völker nur in der Weise des Eintretens Jahwes für sein Volk gegen die Völker und ihre Götter im Kampf. Bei den Gerichtspropheten wurde hier schon etwas anders: Jahwe konnte, um sein Volk zu strafen, auf der Seite der Feinde Israels stehen.

Bei Deuterojesaja aber wird diese Ebene der Auseinandersetzung zwischen Jahwe und den (Göttern der) Völker überhaupt verlassen. Er ladet die Völker und ihre Götter vor Gericht; sie werden als Rechtspersonen anerkannt! Zwar wird dann ihr Anspruch als nichtig und damit sie selber als nichtig erklärt; aber das ändert nichts an diesem umwälzend Neuen: die Völker und ihre Götter werden von Jahwe angehört! Die Auseinandersetzung in der Form des Vernichtungskampfes ist abgetan, und an ihre Stelle ist die rechtliche Auseinandersetzung getreten. In diesem großen Zusammenhang ist auch zu sehen, daß nach den Gerichtsreden („Jahwe-Völker") Kyros Israel Recht schafft 41, 2f.; 41, 25. Über das entscheidende Argument in dieser Auseinandersetzung ist oben gesprochen worden: die in der Einheit von Reden und Handeln erwiesene geschichtliche Kontinuität allein erweist den Herrn der Geschichte und damit die Göttlichkeit. An dieser Stelle in der Weltgeschichte beginnt die Ablösung der „Religion" von der politischen Machtgestalt; hier wird das in den Psalmen gepriesene Herrsein Gottes über die Geschichte durch die prophetische Ankündigung mit dem Verlauf der Weltgeschichte verbunden.

Diese Ausweitung ins Universale in allen ihren Aspekten geschieht nicht um ihrer selbst willen; sie geschieht, damit Israel getröstet werde. In der Mitte der Botschaft Dtjes.' steht die perfektische Heilszusage, die Verkündigung, daß Gott sich seinem Volk wieder zugewandt hat.

HAUPTLINIEN DER DEUTEROJESAJA-FORSCHUNG VON 1964—1979

Von Andreas Richter

I.

ZUR LITERARKRITISCHEN PROBLEMATIK

1. DIE SOG. DEUTEROJESAJANISCHE HYPOTHESE

Die Aufteilung des Jesajabuches in die Kap. 1—39 und 40—66 ist weithin anerkannt. Einige konservative Verteidiger der Einzelverfasserschaft und literarischen Einheit des ganzen Buches (Margalioth, Thomas, Young, vorsichtiger Leupold) lehnen den Versuch ab, die biblischen Bücher im Kontext einer bestimmten historischen Periode zu verstehen. J. B. Payne leitet Jes 40—66 von Jesaja her, wobei er die Elemente betont, die eher auf einen Propheten des 8. Jh. als auf die Exilszeit verweisen. Nur wenige Verse in Jes 43—52 beziehen sich seiner Auffassung nach auf die Ereignisse des 6. Jh.

Neu sind statistische Analysen zu Vokabular, Stil und Semantik mit Hilfe des Computers. So rechnet Radday Jes 1—12 (wahrscheinlich mit 13—23) und 40—48 verschiedenen Verfassern zu. Für 49—66 müsse ein dritter Verfasser als verantwortlich angesehen werden.

Die überwiegende Mehrheit in der atl. Forschung, einschließlich der gegenwärtigen katholischen Exegese, hält an der Existenz eines zweiten Jesaja fest. Ein kurzer Blick auf die Auslegung von Jes 40,1—8 (11) bestätigt dies. Der Abschnitt wird in häufigem Vergleich mit den Berufungsberichten der vorexilischen Propheten im Sinne einer Berufung und Beauftragung des unbekannten Exilspropheten Dtjes verstanden (vgl. Komm. und Krinetzki, Limburg, Loretz u. a.), auch wenn Zuordnung und Interpretation der Einzelelemente umstritten sind. Denn einerseits wird die Nähe zu den Berufungserzählungen der klassischen Propheten betont (McKenzie, Herbert), andererseits aber die Unterschiede in der Form erkannt (Whybray, Komm.).

Elliger, Komm. bezeichnet nach einer formkritischen Analyse Jes 40,1—8 als „bruchstückhafte Form der Wiedergabe des Berufungserlebnisses". Der Abschnitt stelle eine „Erlebniseinheit, keine Redaktionseinheit" dar (S. 11, vgl. zur forschungsgeschichtlichen Problematik Kiesow, S. 60 ff).

An dieser Stelle ist in den letzten Jahren Kritik lautgeworden. Michel („Das Rätsel Deuterojesaja") und Vincent überprüfen kritisch die sog. Deuterojesajanische Hypothese.

Becker bestreitet die Existenz eines Exilspropheten Dtjes und schreibt Jes 40—55 und 56—66 der Arbeit einer einheitlichen Redaktion in nachexilischer Zeit zu (vgl. VII.).

Aus ähnlichen Erwägungen heraus stellt neuerdings Kiesow fest, daß die Hypothese einer geschlossenen literarischen Komposition Jes 40—55 durchaus nicht die Annahme eines prophetischen Schriftstellers mit ausgeprägt individuellen und biographisch ausgestalteten Zügen verlangt. Er vermutet hinter dieser Position das „inspirationstheologische Bedürfnis . . ., diesen theologisch bedeutsamen Textkomplex in einem individuellen und direkten prophetischen Offenbarungsempfang zu verankern" (S. 16 f).

2. DIE FRAGE DER LITERARISCHEN EINHEITLICHKEIT UND DIE BESTIMMUNG VON ENTSTEHUNGSZEIT UND -ORT

Die Abgrenzung eines Überlieferungskomplexes „Tritojesaja" ist schwieriger, einschließlich der Frage, welche Textteile im einzelnen Dtjes zuzuweisen sind. Nach Golebiewski bildet Jes 54—55 das Zwischenstück zwischen Dtjes und Trjes. Forscher, die Jes 56—66 (Kaufmann, Smart) oder einen bestimmten Teil davon (Maass u. Snaith, der 60—62 zu Dtjes rechnet) Dtjes zuschreiben, sind in der Minderheit. Die meisten Exegeten beziehen die Kap. 56—66 auf andere Tradenten (Einzelgestalt oder Gruppe).

Die Ähnlichkeit von Jes 34—35 mit 40—55 ist oft bemerkt worden, was McKenzie, Smart, Todd u. a. dazu führt, beide Kap. oder auch nur eines der beiden der Verkündigung Dtjes' zuzuordnen. D. F. Payne versucht Torreys These, daß Jes 34—35 und 40—66 aufgrund charakteristischer Wortspiele auf einen gemeinsamen Verfasser zurückgehen, zu widerlegen.

Die Bewertung der literarischen Einheitlichkeit von Jes 40—55 fällt sehr unterschiedlich aus. Betonen z. B. Bonnard, Herbert, Knight

und C. R. North die Einheit des Textkomplexes, rechnen die meisten
Exegeten mit wenigen (vgl. McKenzie) oder mehreren späteren Zusätzen, wobei Fohrer, Komm. eschatologische und weisheitliche Partien
unterscheidet. Als sekundär werden in erster Linie die sog. Gottesknechtlieder (GKL, vgl. III.) und die Passagen über die Fremdgötter
betrachtet (vgl. II. 3.).

Im Hinblick auf die Frage nach Ort und Zeit des Auftretens Dtjes'
kann dem Urteil von Waldows zugestimmt werden: „Consequently,
scholars who ascribe to DI the whole of 40—66, are inclined to locate
it in Palestine, while those who separate 40—55 from 56—66 prefer
to locate the first section in Mesopotamia" (S. 266).

Die intensiven Anspielungen auf die historischen Ereignisse der
späten Exilszeit sowie die Vertrautheit vieler Textpassagen mit Umge-
bung und Situation der Exilierten gilt den meisten Forschern als
sicheres Indiz für die Verfasserschaft in Babylon und die zeitliche
Ansetzung zwischen 550 und 538 v. Chr. A. Scheiber glaubt als Zeitpunkt des Auftretens Dtjes' exakt das Jahr 547 bestimmen zu können.
K. Koch sieht 40—48 unter dem Eindruck des Sieges des Kyros über
Krösus 547/46 geschrieben. Nicht sicher nachzuweisen wird bleiben,
ob Dtjes im Rahmen von Gottesdiensten aufgetreten ist (vgl. II. 1.).

Es gibt vereinzelte Stimmen, die für eine Lokalisierung der Verkündigung des Propheten in Juda und Jerusalem eintreten (McGowan,
Smart). Kapelrud, 1964a sieht Dtjes mit dem Tempelkult und Jerusalem verbunden. Von dort habe jener über die Befreiung aus der babylonischen Gefangenschaft geschrieben.

Die aufgrund vor allem *inhaltlicher* Kriterien, d. h. unterschiedlicher
Themen und Adressaten anerkannte Zäsur zwischen Kap. 40—48 und
49—55 findet unterschiedliche Erklärungen. Man kann literarkritisch
49—55 einem späteren Abschnitt der Wirksamkeit Dtjes' zuschreiben
(nach 538). Bonnard vertritt die Ansicht, Dtjes widme sich aus Enttäuschung über die Ablehnung seiner Botschaft durch die Masse der Exu-
lanten nur noch einem engen Jüngerkreis. Oder man nimmt die Veränderung des Wirkungsortes (Palästina statt Babylon) an. Haran
rechnet 49—66 der palästinischen Periode Dtjes' zu. Snaith unterscheidet drei Perioden in der Verkündigung Dtjes': 1. vor 539
(40—48), 2. zwischen der Eroberung Babylons und der Erlaubnis zur
Heimkehr (49—55), 3. Aufruf an die Volksgenossen zur Heimkehr
(60—62).

Morgenstern vertritt die besondere These, 49—55 beziehe sich auf die Ereignisse einer politisch-militärischen Katastrophe, die um das Jahr 486/85 v. Chr. über Jerusalem und Juda hereingebrochen sei. Meistens hat man die inhaltlichen Unterschiede zwischen 40—48 und 49—55 auf die sachlich ordnende Hand eines Kompilators bzw. Sammlers oder auf die literarische Konzeption eines einheitlichen Verfassers zurückgeführt. Fohrer, Komm. bezieht die Unterscheidung der beiden Teile allein auf das Zusammenbringen von Texten auf der Basis thematischer Überlegungen (vgl. VII.).

3. METRISCHE UND STILISTISCHE ANALYSEN

Die Versuche, Jes 40—55 mit Hilfe der Poetik, Stil- oder Strukturanalyse im Sinne moderner Literaturwissenschaft zu untersuchen, sind nicht sehr zahlreich. Freilich werden Stil, Rhythmus, Parallelismus, Strophenbau und Struktur einzelner Texte der Analyse unterzogen (Boadt, Clines, Krinetzki, vgl. auch Elliger, Komm.), besonders mit Blick auf die Frage ihrer Abgrenzung. So hat Kosmala u. a. anhand einer Reihe von Beispielen aus Jes 40—55 einen neuen Zugang zur Erkenntnis von Form und Struktur der hebräischen Dichtung gesucht (kritisch dazu Elliger, 1967).

Eine stilistische Analyse im Rahmen rhetorischer Kritik, („which may supplement our formcritical studies", Muilenburg, 1969, S. 18) führt Gitay für Jes 40—48 durch.

Lack, 1973a will in Anlehnung an den linguistischen Strukturalismus durch die Einbeziehung der Symbolik, Poetik und Ästhetik bei der Untersuchung der sog. Zionslieder die literarische Eigenart des ganzen Jesajabuches als durchstrukturierte Einheit erweisen.

Eine einseitige Anwendung der Literatur- und Stilforschung würde sicher dem vielschichtigen Prozeß der Überlieferung und des Werdens prophetischer Aussagen nicht gerecht. In Anwendung mit den anderen exegetischen Methoden trägt sie dazu bei, einen vorliegenden Text in seiner Ganzheit zu verstehen.

II.

FORMGESCHICHTLICHE UNTERSUCHUNGEN

1. HEILSWORTE

Eine ganze Reihe formgeschichtlicher Arbeiten zu den dtjes Redeformen spiegelt die Bedeutung wider, die man dieser Methode für das
Verständnis der atl. Prophetie beimißt. An erster Stelle ist dabei auf
die Diskussion um das sog. priesterliche Heilsorakel (Begrich) bzw.
die Heilszusage (Westermann) bzw. das Heils- oder Erhörungsorakel
(Elliger, Komm., Fohrer) hinzuweisen. Wenn Zuordnung und Abgrenzung der Einzelelemente Anrede, Heilszuspruch, Begründung, Folge
und Ziel des göttlichen Eingreifens (zwei mehrgliedrige Teile also,
vgl. Boadt, S. 20—34, Stuhlmueller, 1970a, S. 20 ff. 43—56) differie-
ren (vgl. Elliger Komm. zu Jes 41,8— 13), so rechnen doch die meisten
Exegeten mit der Existenz dieser Gattung und ihrer kultischen Herkunft.

Boadt nimmt Westermanns Analyse von Jes 41,8—13 zum Ausgangspunkt einer „rhetorischen Kritik", wie sie schon Muilenburg vor-
geführt hat. Am eingehendsten haben Melugin, 1976, und Schoors,
1973a, die formgeschichtliche Erforschung der Redeeinheiten in Jes
40—55 aufgenommen, präzisiert oder korrigiert. Schoors schließt sich
weitgehend Westermann an, einschließlich der Unterscheidung der
Heilsworte in Heilszusprüche und Heilsankündigungen. Ferner hebt
er den Zusammenhang beider mit der Klage hervor anhand eines
Vergleichs der Sprache bestimmter Psalmen mit dtjes Texten.

Trotz der weiten Übereinstimmung ist die Existenz der Gattung
Heilsorakel bestritten worden. Kilian wendet ein, diese Gattung sei
nur indirekt und zirkelhaft aus den Texten Dtjes' und der Psalmen
erschlossen, was die Institution der priesterlichen Heilsorakelerteilung
an einzelne zu einem fragwürdigen Postulat mache.

Nach Merendino greift Dtjes als Sprecher der göttlichen Heilszusage
auf die Tradition des Gottesbescheids im Jahwekrieg zurück. Dion,
1967a u. 1970c stellt fest, daß die konstitutiv zum Heilsorakel gehö-

rende Formel „Fürchte dich nicht!" *verschiedene* Sitze im Leben haben kann (vgl. auch Conrad und ausführlich Kirst).

Da einigen Texten, die sonst den Heilsorakeln zugerechnet werden, Formelemente wie die direkte Anrede und der Heilszuspruch „Fürchte dich nicht!" fehlen, hob Westermann eine futurische Form als selbständige literarische Gattung ab: Die prophetische Form der Heilsankündigung als Antwort auf die Volksklage. Diese Differenzierung hat eine ausführliche Debatte ausgelöst. Kann ein Teil der Exegeten dieser Analyse folgen (Bonnard, Kaiser u. a.) oder sie direkt aufnehmen und weiterführen (Melugin, Schoors), mehren sich aber auch Zweifel an der Existenz dieser Gattung (Stuhlmueller, Whybray, Komm. u. a.). Harner, 1969, stimmt Westermanns Charakterisierung von Jes 41,17—20; 42,14—17; 43,16—20 zu: „Our study . . . provides some support for Westermann's contention that this form must be distinguished from another type of speech, the announcement of salvation (Heilsankündigung)" (S. 432). Harner bemerkt aber einschränkend, daß das Heilsorakel mit seinen vier Elementen (the direct address to the recipient; the phrase of reassurance 'fear not'; the self-predication of the deity; the message of salvation) selbst schon den präsentischen und futurischen Aspekt der Rettung umfasse.

Schoors warnt vor einer Überbetonung der sachlichen Unterschiede zwischen beiden Gattungen, nachdem er ihre jeweilige spezifische Eigenart herausgestellt hat.

Schüpphaus kritisiert die Westermannsche Gattungsbestimmung, bezieht sich freilich in seinem Beitrag allein auf die Untersuchung der *futurischen Formelemente* in Heilsorakel und sog. „Heilsankündigung", was zu einer umfassenden formgeschichtlichen Infragestellung nicht ausreicht.

Im Kontext seiner Auslegung von Jes 41,17—20 u. ö. widmet sich Elliger ausführlich der Widerlegung von Westermanns Ergebnissen und zieht statt dessen die schon von Gunkel gebrauchte Bezeichnung „Verheißung" für die entsprechenden Texte vor. Anspielungen oder Rückgriffe auf Elemente der Volksklage findet er nicht bestätigt (S. 343 ff).

Nicht immer einheitlich wird die Zahl der einer Gattung zugehörigen Texte bestimmt. Es bleibt eine Reihe von Texten, die nur mit Fragezeichen versehen bestimmt werden können, was entscheidend von der bei Dtjes festgestellten freieren Verwendung der Redeformen in Jes 49—55 mitbedingt ist. Ferner kommt es auf die Beantwortung folgender Fragen an: Verraten die Äußerungen Dtjes' größtenteils Strukturen *mündlicher* Rede oder schafft er sich eigene Formen, die *literarischer* Art sind oder stellen seine Sprüche eine Variation beider Positionen dar? Ist also Dtjes wesentlich mündlich und konkret zusprechender Prophet (Volksklagefeier, vgl. von Waldow) oder literarisch tätiger Schriftsteller?

Schoors ist davon überzeugt, daß Dtjes ein Prophet mündlichen Vortrags ist, übt aber Vorsicht gegenüber einem vorschnellen Schluß von der verwendeten Gattung auf den tatsächlichen und ursprünglichen Sitz im Leben der Einheiten. Whybray und auch Elliger betonen die Freiheit, in der Dtjes mit traditionellen Formen umgeht, Fohrer spricht von „Nachbildungen", die Merkmale mündlicher Verkündigung aufweisen. Melugin hält die einzelnen Redeeinheiten zwar für eindeutig abgrenzbar, doch sind sie nicht in längerer mündlicher Tradition enstanden, sondern für einen ganz bestimmten Zweck (wahrscheinlich schriftlich) gestaltet.

Insgesamt hat sich im Anschluß an Begrich die mittlere Auffassung zwischen beiden Extremen durchgesetzt, wonach bei Dtjes von „Nachahmungen" weitergebildeter Formen auszugehen ist (Elliger u. a.).

2. DISPUTATIONSWORTE ODER BESTREITUNGEN

In der Bestimmung der prophetischen Gerichtsworte bzw. des atl. Ríb-Pattern herrscht terminologische Unklarheit: Disputationswort, Bestreitung, Gerichtsrede, Streitgespräch, Gerichtsszene, Rechtsverhandlung, Diskussionswort, Appellationsrede. Auch ihre seit Gunkel und Würthwein antithetische Ableitung aus der profanen Gerichtsverhandlung oder aus dem Kult zeigt an, daß die Debatte um die prophetischen Redeformen noch lange nicht abgeschlossen ist. So fragt man, ob es sich hier (im eigentlichen Sinn) überhaupt um eine Gattung handelt bestehend aus den Teilen Disputationsbasis und Schlußfolgerung. Sprach sich Westermann zurückhaltend für die Bezeichnung „Redeform der Bestreitung" aus, so lehnt Hermisson die Gattungsbestimmung „Disputationswort" ab. Es liege nur eine „allgemein logische Denkform" vor, welcher der einheitliche und geschlossene Formen prägende Sitz im Leben fehle. Die zweigliedrige Struktur mit Basis (Prämisse) und Schlußfolgerung bleibe eine Fiktion, weil sie weder stilistisch markierbar noch inhaltlich gerechtfertigt sei.

Ein kurzer Blick auf die andauernde Diskussion um die Einheitlichkeit von Jes 40,12—31 verrät die Problematik der Abgrenzung der Einheiten und der Zuordnung ihrer Formelemente. Sprechen sich Preuß, Schoors, Westermann u. a. für die formale Einheitlichkeit des Abschnittes aus, bestehen Elliger, Melugin, 1971, von Waldow, Whybray u. a. auf Unterteilung desselben in mehrere selbständige Disputationsworte.

Elliger und Haag kritisieren Westermanns Gattungsbestimmung als zu eng und erklären die „Bestreitung" zum *einen* Typ der Gattung. Ein anderer Typ, der nicht direkt jemandem etwas bestreitet, schreite zur Erhärtung der eigenen und zur Widerlegung der gegnerischen Position von allgemein anerkannten Sätzen als Basis auf dem Weg des Schlußverfahrens zu einem bestimmten Zielsatz, der vom Gegner anerkannt werden soll (Fohrer, Steck, von Waldow).

Neuerdings unterscheidet Angerstorfer die „Redeform der Bestreitung", die mit gezielten Fragen die Position des Gegners attackiert, von einer „literarischen Gattung Bestreitung", welche dem zweiten Typ der Elligerschen Gattungsbestimmung entspricht. Sitz im Leben der Bestreitung seien die Meinungsverschiedenheiten des Alltags mit seinen wechselnden Situationen (S. 127 f).

Dtjes geht in seinen Aussagen über Jahwe als den Schöpfer und Herrn der Geschichte auf die Fragen und Zweifel seiner Zeitgenossen ein und gibt eine „theologische" Antwort auf die Herausforderungen durch eine umfassende religiöse Krise (vgl. Hermisson, Steck u. a.).

Melugin macht gegenüber von Waldow geltend, daß die Vielgestaltigkeit der Disputationsworte und ihre häufige Verbindung mit anderen Formen Indiz dafür ist, daß es sich um mehr als nur Variationen einer bestimmten Grundstruktur handelt. Dies spreche für eine große Freiheit des Propheten in der Kombination verschiedener Formelemente und Sitze im Leben. Melugin vermutet dahinter eine traditionelle Gattung aus dem Kult, die der Prophet entscheidend modifiziert habe. Schoors findet in Jes 40,12—31; 45,9—13; 44,24—28; 46,5—11 (13); 48,12—15 (16); 48,1—11; 54,8—13 die nach Form, Struktur und Inhalt klar gekennzeichnete Gattung der Disputationsrede. Sie gehe von einem Urteil über Jahwes Souveränität aus und verteidige Dtjes' Botschaft gegenüber Verzweiflung und Empörung bei seinen Volksgenossen über die von ihm (Dtjes) Kyros zugewiesene Heilsfunktion.

3. GERICHTSWORTE

Mit den Oberbegriffen „Gerichtsworte" bzw. „polemische Gattungen" faßt Schoors, 1973a, die beiden zu unterscheidenden Redeformen Disputationswort und Gerichtsrede zusammen. Anhand von Jes 40—55 versucht er die literarische Umbildung der atl. Rîb-Formel zu illustrieren (vgl. Schoors, 1969). Schoors weist auf die in Vokabular, Stil, Themen und allgemeinem Tenor sichtbare Nähe der Gerichtsreden zu den Disputationsworten hin und folgert daraus, daß sie nicht getrennt voneinander behandelt werden können. Westermanns Unterscheidung zwischen Gerichtsreden gegen Israel und Gerichtsreden gegen die Völker und ihre Götter bestätigt Schoors (ebenso Melugin) und fügt hinzu, daß Dtjes mit den Gerichtsreden im letzteren Fall eine eigene Gattung ausgebildet hat. Die Gerichtsreden gegen Israel (43,22—28; 50,1—3; 52,18—25) antworten auf eine Anklage gegen Jahwe, indem sie Jahwes Gericht über das sündige Israel rechtfertigen, aber auch auf dessen Vergebung verweisen. Die Gerichtsreden gegen die Völker bedeuten eine bemerkenswerte Entwicklung gegenüber dem klassischen Rîb. Sie haben die Intention, in erster Linie mit dem Mittel des Weissagungsbeweises die souveräne Größe Jahwes gegenüber den heidnischen Göttern zu demonstrieren.

Anders als in den Gerichtsreden der vorexilischen Propheten hat in den Gerichtsreden Dtjes' Israel die Zeugenfunktion gegenüber den fremden Göttern, die ihrerseits die neuen Opponenten Jahwes darstellen (vgl. Irons). Außerdem hat das Gerichtsverfahren kosmische Dimensionen erhalten, indem Geschichte und Kosmos als Zeugen auftreten (R. North).

Was die Diskussion um den Sitz im Leben der Gerichtsreden betrifft, lehnt Schoors von Waldows und Würthweins These eines institutionell faßbaren kultischen Hintergrundes („Bundesfest" oder „kosmisch-eschatologisches Thronbesteigungsfest"), der dann eine „Profanisierung" erfahren habe, ab. Ebenso widerspricht Elliger, Komm. in Anlehnung an Boecker dieser Ableitung: Boecker habe klar gezeigt, daß Formen und Motive der Gerichtsrede sich aus den Situationen des profanen Rechtslebens verstehen lassen, einschließlich der oft beobachteten Identität von Kläger und Richter. K. Nielsen hat jüngst die Diskussion zusammengefaßt mit der Feststellung, daß bisher noch kein eindeutiger formaler Sitz im Leben gefunden werden konnte, was die jetzigen alternativen Ableitungen wie Gericht im Tor, Kult oder

internationales Recht zeigen. Um hier weiterzukommen, hält sie die
Scheidung zwischen „funktionstypischem" und „konkretem" Sitz im
Leben für notwendig. Aufgrund der vielfältigen Verwendung des Rîb-
Pattern (vor allem aber in Krisensituationen, wenn der Prophet die
Anklage Jahwes wegen Bundesbruchs vorgetragen hat) werden die
Versuche zurückgewiesen, jeweils nur *einen* Sitz im Leben zu be-
haupten. Die Gerichtsreden haben, so K. Nielsen, bei Dtjes entschei-
dende Modifikationen erfahren, die sie anhand der Grundstruktur
a) description of the scene of the trial, b) accusation, c) defence,
d) judgement, aufzeigt (S. 39, vgl. Westermanns Dreiteilung).

Schoors meint, es sei leichter einen historischen Hintergrund zu
präsentieren als einen konkreten Sitz im Leben. Ein aktueller Sitz im
Leben sei nicht erhebbar, die Bestimmung des Ortes der Verkündigung nicht möglich. Es könne nur soviel gesagt werden: In der geschichtlichen Situation der letzten Exilsjahre habe der Prophet in
genauer Kenntnis des vorexilischen Kultes in Jerusalem Jahwes Herrsein über die geschichtlichen Ereignisse aktualisiert.

Ein Vergleich der im Einzelfall durchgeführten Formanalysen zeigt,
wie schwierig die Zuordnung der Formelemente zu den verschiedenen Schritten eines Gerichtsverfahrens ist. Wenn die Gerichtsreden eine
große Variabilität im Aufbau erkennen lassen (Melugin), kann dann
nicht trotzdem *ein bestimmter* Typ der Gerichtsrede das Muster gewesen sein, das nur noch nicht hinreichend bestimmt worden ist
(Elliger)? Hier bleiben nach wie vor viele Fragen offen.

Im Zusammenhang der Gerichtsreden sei noch kurz auf die in der
Regel als sekundäre Zusätze bezeichneten Stellen zur Götzenpolemik
eingegangen (Jes 40,18—20; 41,6—7; 44,9—20; 46,5—7). Handelt
es sich dabei nur um ein Motiv oder höchstens eine dienende Glied-
gattung, die anderen Gattungen ein- oder untergeordnet ist (Preuß,
1971), oder um „Spottlieder", deren Struktur zwar nicht mehr rein
und vollständig erhalten ist (Elliger), die aber dennoch präzis bestimmt
werden können (Koole: „beschreibendes Spottlied", „berichtendes
Spottlied")? Oder handelt es sich um Beispiele eines mündlichen und
literarischen Genus der „Götzenparodie", das in Struktur und Thema
große Nähe zu den Hymnen im Partizipialstil aufweist (Roth, 1975)?

Preuß und Spykerboer unternehmen den Versuch, diese Stellen
wieder der sonstigen Verkündigung Dtjes' einzuordnen und ihre Verankerung im gegenwärtigen Kontext aufzuzeigen.

4. HYMNISCHE REDEFORMEN

Hatte Westermann die entscheidende Bedeutung des Geschehens-
zusammenhangs von Klage und Lob für die gesamte Verkündigung
Dtjes' (bes. im Rahmen der Schöpfungsaussagen) herausgearbeitet,
beschränken sich *neuere* Arbeiten (vgl. Komm.) in diesem Bereich in
der Regel auf allgemeine Anmerkungen. Andererseits werden be-
grenzte Vergleiche durchgeführt oder wie bei einer Reihe skandina-
vischer Forscher die *institutionelle* Verankerung von Jes 40—55 im
Kult (Agenden!) bzw. Festliturgien betont. Die auffallende Nähe der
Sprache Dtjes' zu den Psalmen (vgl. IV. 2.) beschäftigt seit langem
auch die Formgeschichte. Als ein Beispiel für die formgeschichtliche
Diskussion über die Bedeutung der Klage für die Verkündigung Dtjes'
kann Elligers Auseinandersetzung mit Westermann hinsichtlich der
Redeform der Heilsankündigung gelten (Komm. S. 343 ff u. ö., vgl.
II. 1.).

Nicht bestritten ist heute die Tatsache, daß zahlreiche hymnische
Stücke bzw. Elemente in formaler und inhaltlicher Hinsicht mit anderen
Redeformen verbunden sind (z. B. Disputationsworte, Heilsorakel).
Schwieriger zu entscheiden ist die Frage, ob überhaupt und wenn ja,
wieviele selbständige und formal eindeutig abgrenzbare Hymnen sich
in Jes. 40—55 finden lassen. Westermanns These, Dtjes schaffe im
Anschluß an die Tradition des Lobliedes mit den „eschatologischen
Lobliedern" eine neue Form, für die der Übergang vom beschreibenden
zum berichtenden Lob charakteristisch ist, stieß besonders bei Crüse-
mann auf Kritik. Weil er von einer Grundform, dem imperativen
Hymnus ausgeht, woraus sich die weitere Geschichte der hymnischen
Redeformen entwickelt habe, bestreitet Crüsemann, daß es sich hier um
eine eigene Psalmengattung handelt. Als dtjes Hymnen kämen allein
Jes 44,23; 49,13 und 52,9 f in Frage. Davon zu unterscheiden wären
die der hymnischen Tradition entstammenden partizipialen Prädi-
kationen. Mit der Übernahme der kultischen Form des imperativen
Hymnus in die prophetische Verkündigung als ihrem neuen Sitz im
Leben habe diese Form aber auch entscheidende Veränderung erfahren, z. B. Aufforderung zum Lob an Natur und himmlische Wesen.

Vincent (vgl. I. 1.) lehnt die Bezeichnung der „eschatologischen
Loblieder" als „typisch deuterojesajanisch" ab.

Trotz dieser Stimmen sind die meisten Exegeten der Analyse
Westermanns gefolgt, wenn auch nicht im Blick auf Zahl und Abgren-

zung der einzelnen Texte. Eine Reihe von Beispielen weist zwei der drei Strukturglieder des Lobpsalms auf: imperativische Einleitung und begründender Hauptteil mit Perfekt (Elliger, Melugin, Stuhlmueller und Whybray, der nur gegenüber der Verwendung des Begriffs „eschatologisch" Bedenken äußert). Dagegen ist Deming der Meinung, daß unter strenger Anwendung der für die Psalmen geltenden Dreigliedrigkeit in der Form höchstens 42,10—13 als Hymnus im eigentlichen Sinn gelten könne. In den übrigen Fällen handle es sich eher um erweiterte Aufrufe zum Lob parallel der gewöhnlichen Einleitung des Hymnus. Man könne nur von Themen, Motiven, partizipialen Phrasen und hymnischen Erweiterungen der Botenformel und der göttlichen Selbstprädikation sprechen.

Mansfeld hat die eschatologischen Loblieder z. T. von einem Jubelruf, z. T. von einem Empfangslied abzuleiten versucht und sie in Zusammenhang mit der Verkündigung einer Siegesnachricht und der Einholung der Sieger gebracht.

Dion, 1967b, ist dem babylonischen Hintergrund der „formgeschichtlich dem Selbst-Preis der Götter" (Westermann) angehörenden „Selbstprädikation der Gottheit" nachgegangen. Er hat zu zeigen versucht, daß es in Mesopotamien eine literarische Gattung der „hymne à soi-même", des Selbstpreises der Götter gab. Nahegelegt werde dies durch Anspielungen in Königsinschriften, die in einem solchen Stil abgefaßt sind. Dion bezweifelt, daß die Hymnen Entfaltungen der Selbstvorstellungsformel „Ich bin Jahwe" sind (vgl. Zimmerli), mit der der Prophet seine Sprüche akzentuiert. Dtjes habe vielmehr die Ich-Hymnen Jahwe in den Mund gelegt.

Phillips hat sechs erweiterte Variationen einer Basisformel der göttlichen Selbstprädikation, bestehend aus Personalpronomen 1. Person und Substantiv oder weitere Pronomina, herausgearbeitet. Ihre Verwendung sieht er im Zusammenhang der Bundestradition, welche die beiden Momente der Bundeserneuerung und des „cultic rîb" umfassen soll.

Hymnische Erweiterungen des Jahwe-Namens (Fremd- oder Er-Prädikationen) sind als Formelemente anderer Einheiten zu finden. Die göttliche Selbstprädikation begegnet als selbständige Redeform nur in Jes 44,24—28 und 45,7 und zwar als abgewandelte Form des Gotteslobes (Albertz). Sie zeigt suffixlose Partizipialformen und könnte ebenfalls der alten Hymnentradition angehören (Crüsemann), während nach Angerstorfer im Anschluß an Albertz alles eher für eine „kühne Neubildung Deuterojesajas" spricht (S. 151 f.).

Die ungezählten Versuche einer angemessenen Gattungsbestimmung von Jes 44,24—28 (bzw. 44,24—45,7) machen die Schwierigkeiten in der Beurteilung der formalen Beobachtungen deutlich. Hermisson und Schoors rechnen das Stück formal unter die Selbstprädikationen der Gottheit, doch sei es in seiner Funktion als Disputationswort gemeint (vgl. schon Begrich). Fohrer, Komm. hatte diesen Abschnitt als Mischung aus Hymnus und Diskussionswort bezeichnet, und Melugin, 1976 sagt: „Deutero-Isaiah created a structure which looks very much like a new genre, a genre composed of disputation and hymn elements" (S. 35).

Mit Hilfe einer ausführlichen Analyse der Stropheneinteilung bzw. Metrik sucht Elliger, Komm. die Frage nach der Gattung von Jes 44,24—28 zu beantworten mit dem Ergebnis: Die Jahwe-Rede ist nach Art eines königlichen Erlasses gestaltet, in dem der göttliche Herrscher der himmlischen Staatsversammlung seinen Willen kundtut. Primär weder Heilsorakel noch Disputationswort ist die Rede zu letzterem erst geworden, als der Prophet die Vorschaltung der Zitatformel (Anrede an das Volk) vornahm (S. 465).

Den formgeschichtlichen Überblick abschließend wäre noch anzumerken: Ein Versuch, *alle* Texte in Jes 40—55 nach ihren Redeformen zu bestimmen und die bisherige formgeschichtliche Erforschung zusammenfassend liegt (abgesehen von dem nur andeutenden und eigenwilligen Versuch E. Nielsens) in Elligers nicht vollendetem Kommentar vor (bis Jes 45,7). Auch Schoors und Melugin beschäftigen sich eingehend mit den Hauptredeformen bei Dtjes. Heutige formgeschichtliche Erforschung macht dabei im wesentlichen die Arbeiten Begrichs und Westermanns zum Ausgangspunkt weiterer Differenzierung und Präzisierung.

Mit Westermann über Begrich hinausgehend wenden Elliger und Melugin ihre Aufmerksamkeit der Frage der Bedeutung der einzelnen Redeformen für Komposition und Aufbau des Buches zu.

So gesehen bedeuten Schoors' Arbeiten wieder einen gewissen Rückschritt zu Begrich insofern, als auch bei ihm Exegese in erster Linie mit den kleinsten Einheiten zu tun hat und der Vorgang der Komposition von sekundärer Bedeutung bleibt. Bei grundsätzlicher Übereinstimmung mit Westermann in der Frage größerer Einheiten lehnen Elliger und auch Melugin dessen Auffassung ab, daß in Jes 40—55 schon von Dtjes selbst stammende größere literarische Kompositionen vorliegen. Für Elliger stellt sich hier im besonderen die Frage nach der *Redaktion* von Jes 40—55 (vgl. dazu im einzelnen VII.).

III.

DIE SOG. GOTTESKNECHTLIEDER

Die auch in den letzten Jahren erschienene, nahezu unübersehbare Anzahl von Publikationen zu den GKL (vgl. die Forschungsberichte von Fohrer, 1980, Kruse, D. F. Payne, 1979) zeigt an, daß diese wie kaum ein anderer Teil des Alten Testaments Interpretationsprobleme aufwerfen. Dabei stehen vorwiegend folgende Fragen im Mittelpunkt:

1. Stellen die GKL eine wie auch immer abzugrenzende Sonderschicht in Jes 40—55 dar oder sind sie integraler Bestandteil ihres unmittelbaren und weiteren Kontexts? Welchem bzw. welchen Verfassern sind sie zuzuschreiben?

2. Lassen sich die GKL formal präziser bestimmen?

3. Welche Deutung der Gestalt des Gottesknechts wird den Texten gerecht: die kollektive oder die individuelle Interpretation mit den entsprechenden Varianten oder gar eine Verbindung beider?

4. Welche traditionsgeschichtlichen Einflüsse sind für die Ausbildung der Vorstellung vom Gottesknecht konstitutiv gewesen, prophetische, königliche oder weisheitliche Elemente?

zu 1: Im allgemeinen rechnet man die GKL wieder mehr der Verkündigung Dtjes' zu. Stimmen, die sich gegen Duhms Ausgrenzung der GKL und ihre isolierte Behandlung wandten, waren immer laut geworden (vgl. in der Gegenwart Komm. von Bonnard, Knight, C. R. North, Smart u. a.). Relativ selten sind Äußerungen, die eine wirklich rigorose Überprüfung der GKL-Hypothese als wünschenswert erachten (Lohfink).

Mettinger bestreitet aufgrund inhaltlicher, sprachlicher, gattungsmäßiger und kompositioneller Gesichtspunkte Duhms These einer speziellen Gruppe von Texten und anerkennt nur eine größere Gruppe von Texten, die vom „Knecht" des Herrn sprechen und zu denen die bisher GKL genannten gehören. Aber auch diejenigen, die mit einer selbständigen Schicht in Jes 40—55 rechnen, sehen die Zugehörigkeit zum Rest von Jes 40—55. Dabei werden in der Regel die ersten drei

GKL auf den Propheten selbst zurückgeführt, 52,13—53,12 von einem Schüler Dtjes' hergeleitet (Fohrer, Dion, 1970a u. a.). Die Abgrenzung der einzelnen GKL ist umstritten: 42,1—4 (5—9); 49,1—6 (7—13); 50,4—9 (10—11); 52,13—53,12. Beuken, McKenzie, Snaith u. a. rechnen mit unmittelbaren Anhängen an die ersten drei GKL, Dion spricht von *redaktionellen* Zusätzen.

zu 2: Das Problem der Abgrenzung der GKL ist im wesentlichen auf die Tatsache zurückzuführen, daß sich die Abschnitte einer zwingenden Gattungsanalyse einschließlich einer genauen Bestimmung des Sitzes im Leben (kultisch-liturgisch?) widersetzen (Henry). Dennoch hat das Unbehagen gegenüber der Bezeichnung der Gottesknechtpassagen als „Lieder" zu wiederholten Versuchen geführt, die Form der sehr unterschiedlichen Texte näher zu bestimmen. Whybray, Komm. sieht 49,1—6 in Zusammenhang mit dem Danklied des einzelnen und bezieht es generell auf die prophetischen Berufungserzählungen, fügt aber einschränkend hinzu, daß die literarische Form nicht klar bestimmt werden könne.

Melugin, 1976 spricht daher von schöpferischen Imitationen traditioneller Formen wie Berufungsbericht, Heilsrede, Vertrauenspsalm. Schon Fohrer, Komm. bestimmte 49,1—6 als Nachbildung eines Dankliedes des einzelnen, sah in 50,4—9 die Redeform des Klage- und Vertrauensliedes verwendet und bezeichnete 52,13—53,12 als prophetische Liturgie.

Nach K. Baltzer liegt den GKL formgeschichtlich eine mit ägyptischen Biographien vergleichbare anonyme, auf das Typische konzentrierte Prophetenbiographie zugrunde, bestehend aus den Elementen Einsetzung (42,1—4; vgl. Elliger „Präsentationswort", und Beuken, 1972 „Königsdesignation"), Berichte über die Amtsausübung als Autobiographie stilisiert (49,1—6; 50,4—11), Tod und Begräbnis (52,13—53,12).

zu 3: Auffallend ist, daß die Identifikation des Knechts mit Israel (vgl. Herbert, Roodenburg, Smart u. a.) gegenüber der sog. autobiographischen Deutung der GKL an Boden verloren hat (Fohrer, Kutsch, Sauer, Schoors u. a.).

Während Snaith hinsichtlich der Identität des Knechts die kollektive These vertritt, erkennt J. W. Miller in den Texten die Darstellung eines Konflikts zunächst zwischen dem Propheten und seinen Zuhörern, dann mit den babylonischen Autoritäten. Orlinsky widerspricht der Auffassung vom stellvertretenden Leiden und Sterben in

Jes 53. Whybray, 1978 bezweifelt, daß man aus Jes 53 den Tod des Knechts erheben kann. Statt dessen handle es sich um ein Danklied aus Anlaß der Entlassung oder Flucht des Propheten aus der Gefangenschaft.

Bonnard, Kapelrud, van der Woude halten die kollektive und individuelle Interpretation nicht für alternativ und plädieren für eine Verbindung beider. Wilshire versteht die Rede vom Knecht als eine Metapher, hinter der sich das personifizierte Zion-Jerusalem verbirgt.

Wenige Forscher identifizieren den Knecht mit bestimmten Personen der Geschichte. Nach Chavasse dachte der Verfasser der GKL an einen neuen Mose. Treves glaubt in Jes 53 Hinweise auf das Martyrium des Onias zu finden. Roth, Ward u. a. halten die Anonymität des Knechts für beabsichtigt. Junker und Sauer betonen die über die einzelnen Texte hinausreichende Dimension der GKL.

zu 4: Häufig mit der autobiographischen Deutung verbunden wird das Vorherrschen *prophetischer* Elemente hervorgehoben (vgl. z. B. Henry: Berufung, Widerstand, Ergebung, Jüngerbildung). Dagegen konzentrieren sich Beuken, Kapelrud und Rosenberg mit Blick auf religionsgeschichtliches Vergleichsmaterial (Mesopotamien) auf die Herausarbeitung des königlichen Charakters des Gottesknechts. C. R. North u. a. vermeiden es, den Knecht exklusiv in die Kategorie des Propheten oder des Königs einzuordnen. Van der Woude betont die Verbindung verschiedener Züge des Königs, des Propheten und des Weisheitslehrers.

IV.

TRADITIONSGESCHICHTLICHE UNTERSUCHUNGEN

Die Beziehungen von Jes 40—55 zu den verschiedenen atl. Schriften und ihren Überlieferungen in den Bereichen Pentateuch und Geschichtsbücher, Psalmen und Weisheit, Propheten sind Gegenstand zahlreicher traditionsgeschichtlicher Arbeiten.

1. PENTATEUCH UND GESCHICHTSBÜCHER

Die Bedeutung einzelner Schöpfungsmotive (vgl. VI. 1.) für das Verständnis der Prophetie Dtjes' arbeiten Rast und Gunn heraus, der in 40—55 mehrfach Anspielungen auf die Fluterzählung entdeckt. Weinfeld betrachtet Dtjes' Reden vom Schöpfer als Korrektur überholter Vorstellungen, die in Gen 1 zur Sprache kommen: Gottes Ruhen und Arbeiten, die Benutzung vorgegebenen Materials, die Andeutung eines himmlischen Hofstaats, der Mensch als Ebenbild Gottes. Ludwig verfolgt den Traditionsweg der dtjes Formeln zur Erschaffung der Erde und betont ihre kultische Bedeutung im Rahmen des Sieges über die Chaosmächte.

Die Verbindungen zwischen P und Dtjes untersuchen Kapelrud, 1964b und Eitz. Letzterer verifiziert dies in einem Vergleich der vier gemeinsamen Motive Noahtradition, Schöpfer und Schöpfung, Auszug und Wüstenwanderung, Erzväter. Die Gemeinsamkeiten lägen in der gemeinsamen Situation des Exils begründet, die Differenzen in den unterschiedlichen Absichten von P und Dtjes.

Conrad und C. Jeremias ziehen Vergleiche zur Vätertradition. Eine typologische Zuordnung Abrahams (Gen 14) und Kyros' nimmt Jones an (Typ — Antityp), während Ogden Affinitäten zwischen der P-Darstellung des Mose in Ex 6—8 und Kyros in Jes 44,24—45,13 aufzeigt.

Das Hauptinteresse der Exegeten liegt zweifellos auf der Erforschung der Exodusmotivik in Jes 40—55 (vgl. Blenkinsopp, Stuhlmueller, 1970, D. Baltzer, Preuß, 1976 u. a.). Die Verkündigung des „neuen Exodus" steht im Zentrum der dtjes Heilserwartung (D. Baltzer). Durch die gedankliche Verbindung mit den Schöpfungsaussagen erhält der Auszug paradigmatischen und archetypischen Charakter (Blenkinsopp). Die Aktualisierung hin auf das neue Heilshandeln Jahwes geschieht auf dem Weg der Typologie. Den ersten Auszug noch überbietend wird der neue Exodus die entscheidende Grundlage der jetzt beginnenden neuen Geschichte der Heilszeit sein (Preuß, 1976).

Freilich herrscht Dissens in der Beurteilung der Einzeltexte und -elemente, z. B. Auszug, wunderbarer Durchgang durch Meer und Fluß, mächtige Hand und gewaltiger Arm Jahwes, Zug durch die Wüste, Wüstenwunder, Eintritt ins verheißene Land. Unklarheit besteht über die Anzahl der relevanten Texte (zwischen fünf und dreizehn, vgl. Stuhlmueller, 1970a Tabelle S. 272).

Gegen die „Konstruktion" eines Gesamtablaufs des „neuen Exodus" (Auszug aus Babel, Heimkehr aus aller Welt, Einzug Jahwes in Jerusalem, Wasserspende, Bepflanzung der Wüste und Wiederaufbau des Landes) wendet sich Kiesow. Da die traditionellen Formeln von der „Herausführung" oder „Heraufführung" Israels aus Ägypten fehlten, stellten die Exodusmotive in Jes 40—55 eine Interpretation des historischen Exodus dar in dem allgemeinen Sinn der Eröffnung eines Weges und des Schutzes auf diesem Weg: Geschichte als Weg unter Jahwes Führung.

Gegenüber der von den meisten Forschern anerkannten Bedeutung der Rede vom „neuen Exodus" bestreitet Vincent überhaupt ihr Vorkommen und rechnet Spykerboer ihr einen wesentlich geringeren thematischen Stellenwert zu.

Van Arragon führt eine Reihe von Stellen an, die an das Dtn erinnern. Brueggemanns formgeschichtliche Analyse von Jes 55 will zeigen, daß dieser Text ähnlich einem Formular für die Bundeserneuerung gestaltet ist und um vier Themen kreist, die für die dtn. Auffassung von Geschichte entscheidend sind: Verheißung an David, Aufforderung zur Umkehr, Wort Gottes, Segen und Fluch.

Von der Bundestheologie bzw. Erwählungstradition her verstehen J. M. Miller, Krupp (Ehe-Bund) und besonders Beauchamp das Ganze der dtjes Texte. Nach Beauchamp finden die von Dtjes verwendeten Gattungen im Bundesgedanken ihre Einheit.

2. PSALMEN UND WEISHEIT

Sprache und Struktur der Prophetie Dtjes' zeigen eine enge Verwandtschaft mit der Welt der Psalmen, vgl. Habel, 1972a zu Ps 104, Hi 26 und Dtjes.

Der Grad der Verankerung Dtjes' in liturgischer bzw. kultischer Tradition wird unterschiedlich eingeschätzt. Zeichnet Smart Dtjes geradezu als antikultischen Propheten (gegen von Waldow), äußern sich Fohrer und Stuhlmueller kritisch gegenüber der Annahme einer weitgehenden Abhängigkeit Dtjes' von kultischen Institutionen. Nach K. Koch tritt die Nähe Dtjes' zur Psalmensprache vor allem in den Kyros-Abschnitten hervor.

Skandinavische Forscher haben im Anschluß an die These Mowinkkels von der Existenz sog. Thronbesteigungspsalmen eine starke Verwurzelung Dtjes' im Kult angenommen (Kapelrud, E. Nielsen u. a.). Ringgren, 1967 u. 1977 schließt sich den Exegeten an, die hypothetisch die Existenz eines Bundes- oder Thronbesteigungsfestes voraussetzen. Von den Thronbesteigungspsalmen, den Königs- und einigen Klagepsalmen (sog. Ebed-Jahwe-Psalmen) beeinflußt, habe Dtjes sich an bestimmte mit dem Königtum Jahwes und dem Königtum in Israel verbundene Vorstellungskreise gehalten.

Vincent sieht in seinen „Studien zur literarischen Eigenart und geistigen Heimat von Jes Kap. 40—55" den Ursprung für die Motive, Bilder und literarischen Formen in der Kultprophetie des Jerusalemer Tempels. Ein Bestand an anonymem kultischen Traditionsgut habe in nachexilischer Zeit (vgl. Becker) seine jetzige kompositorische Gestalt erhalten. Zu diesen Aussagen kommt Vincent freilich nur durch verallgemeinerndes Verstehen (in Form und Gattung) individueller Texte im Sinn von Kultagenden.

Die „heilsgeschichtliche" Bedeutung von צדק , צדקה untersucht Reiterer im Vergleich mit der atl. Tradition (vgl. auch Preuß, 1976, Scullion, Whitley). Typisch für Dtjes, der im übrigen den vorwiegend gerichtstechnischen und speziell geschichtstheologischen Gebrauch von צדק voraussetzt, sei vor allem die semantische Ausprägung von צדקה (Gerechtigkeit) im Sinn von „Heil", „Sieg", „Rettung" mit sprachlicher Abhängigkeit von den Psalmen.

Interessant ist der Versuch von Terrien, die Verwandtschaft zwischen der Verkündigung Dtjes' und hymnischen Texten des Hiobbuches herauszustellen: „. . . le Second Esaie parait offrir une reponse aux questions de l'existence qui sont posées par Job" (S. 309).

Ein Ineinander hymnischer und weitsheitlicher Elemente erkennt Melugin, 1971 in Jes 40,12—31 (vgl. die Komm.) mit dem Ergebnis, daß Dtjes wesentlich durch traditionelle literarische Formen aus Weisheit und Psalmen beeinflußt wurde: 40,12—17 hat weisheitliche Form, 40,18—24 ist ein typisches dtjes Disputationswort, das vom Stil des Hymnus abhängig ist.

Mit Blick auf die Götzenpolemik in Jes 40—55 hat sich Preuß, 1976 mit Nachdruck gegen eine vorschnelle Ausgrenzung „weisheitlichen" Gutes ausgesprochen (vgl. Fohrer, Komm.), da die in ihrem Wesen tolerante Weisheitsliteratur innerhalb des Alten Testaments an keiner Stelle Götzenpolemik enthalte (S. 63).

3. PROPHETEN

Dtjes wird allgemein in die Linie seiner prophetischen Vorgänger gestellt. Es herrscht Einmütigkeit darin, daß bei ihm die *Heilsprophetie* an die Stelle der Gerichtsprophetie *vor* ihm getreten ist.

Mehrfach ist das Verhältnis Dtjes' zu anderen atl. Prophetenbüchern untersucht worden: Hosea (van der Merwe) und Ezekiel (Eakins). Besonders aufschlußreich sind die gegensätzlichen Standpunkte von Herrmann und D. Baltzer. Herrmann fragt nach dem Ursprung der prophetischen Heilserwartungen und ihrer Entwicklung, in deren Verlauf Dtjes eine Sonderstellung einnimmt. Jes 40—55 sei, da im babylonischen Exil entstanden, formal wie thematisch von Ez und Jer abzurücken. Dies gelte im Bereich der für Ez und teilweise auch Jer zentralen Themen wie Sammlung der Israeliten aus der Menge der Völker, Wiederaufbau im Lande, Fruchtbarkeit des Landes und Grundsätze der neuen Verfassung des Gottesvolkes in seiner alten Heimat, was alles bei Dtjes ohne große Bedeutung sei.

Dagegen hat sich D. Baltzer gewandt und trotz erkennbarer Verschiedenheiten eine Reihe von Übereinstimmungen bzw. Berührungen zwischen Ez und Dtjes herauszustellen versucht, die in der gemeinsamen Verkündigungssituation der Exilszeit begründet sind. Zu den Gemeinsamkeiten rechnet er folgende Themen: der neue Exodus, Zion-Jerusalem und der Tempel, die Heimkehr Jahwes, Gehorsam des Volkes und Erlösung Israels von der Sünde, das schöpferische Wort, die messianische Erwartung und die Ausgestaltung des heilszeitlichen Friedensreiches.

Beide Positionen legen das Schwergewicht auf die Inhalte der Prophetenworte. An dieser Stelle könnten im Blick auf die Geschichte der prophetischen Redeformen gerade *formgeschichtliche* Untersuchungen der prophetischen *Heilsworte* größere Klarheit bringen.

Es gibt Stimmen, die wie Fohrer vorexilische und exilisch-nachexilische („eschatologische") Prophetie voneinander abheben (Fohrer, 1967: „epigonale Entartung der vorexilischen Prophetie", S. 58).

Nach Carroll ist die Prophetie seit Jeremia im Niedergang begriffen, was sichtbar werde an ihrem Rückzug auf den Kult mit seinem spezifischen Auseinandertreten mythologischer und realpolitischer Wirklichkeit (vgl. VI. 2.).

Petersen sieht dtjes und andere exilisch-nachexilische Texte im Zusammenhang einer „deuteroprophetischen Bewegung", die in traditionalistischer Weise Worte früherer Propheten lediglich schriftlich weitergibt und kommentierend den Verhältnissen der eigenen Zeit anpaßt.

Gegenüber dem Versuch, Dtjes in einer *absteigenden* Linie zu seinen Vorläufern zu sehen, ist zu betonen: Für Dtjes' Verständnis von Geschichte und Jahwes Handeln in ihr ist der Zusammenhang von (welt)politischer Realität und sich auch in „mythologischer Sprache" ausdrückender Hoffnung auf Jahwes Kommen bzw. die Aufrichtung seiner Herrschaft konstitutiv. Davon zu unterscheiden ist die Tatsache, daß später verschiedene nachexilische Gruppen auf das Problem der „ausgebliebenen Endtheophanie" (Kraus) mit einer Hinwendung zu Kult bzw. Gesetz oder apokalyptischer Erwartung reagiert haben. Für Dtjes' Rede vom herrlichen Kommen Gottes ist zu veranschlagen, was für jedes menschliche Reden von Gottes Handeln gilt: Der Zusammenhang von Verheißung und ihr entsprechendem göttlichen Handeln ist unverfügbar.

Mit diesen kurzen Hinweisen ist klar geworden, wie abhängig die Beurteilung der Verkündigung Dtjes' ist vom Verständnis des Phänomens Prophetie überhaupt. Ebenso angesprochen sind damit Fragen wie die nach dem Verhältnis von Prophetie und Tradition (vgl. Henry) oder der Rolle, die mündliche Tradition bzw. die Situation der Verkündigung bei der Entstehung eines Prophetenbuches gespielt haben (schriftstellerische Traditionspflege?).

V.

RELIGIONSGESCHICHTLICHE UNTERSUCHUNGEN

Die Anerkennung einer babylonischen Umwelt Dtjes' hat auch in den vergangenen Jahren zu einer Reihe religionsgeschichtlich vergleichender Arbeiten geführt, zumal die Basis außerisraelitischen Materials zunehmend breiter wurde. Besonders hinzuweisen ist auf Ergebnisse im Bereich formgeschichtlicher Erforschung von Jes 40—55 (Dion, 1967b u. 1970c, Heintz, Kirst, Zobel u. a.; vgl. die dort angegebene Literatur zu den Quellen). Untersucht wurden die Beziehungen zwischen dem priesterlichen Heilsorakel bzw. der Formel „Fürchte dich nicht!" und den Heilsorakeln an den König in der babylonisch-assyrischen Literatur (vgl. z. B. die Orakel an Esarhaddon oder das Orakel der Ischtar von Arbela, AOT[2], 281—283; ANET[3], 449 f.). Nach Harner, 1969 macht Dtjes hierbei Gebrauch von einer klar bestimmbaren außerisraelitischen Redeform.

Die Nähe des Kyrosorakels Jes 44,24—45,7 zum sog. Kyroszylinder ist oft gesehen worden (kritisch dazu K. Koch). Paul nennt in

diesem Zusammenhang die altorientalischen Königsinschriften als eine
der Hauptquellen dtjes' Denkens mit folgenden charakteristischen Elementen: Fassen bei der Hand, Erwählung und Designation des Königs
bzw. Knechts (Ehrentitel), Beauftragung mit Zusicherung göttlichen
Beistandes.

Preuß, 1976 stellt die Frage, ob nicht die sog. polemischen Gattungen durch die in Mesopotamien verbreiteten weisheitlichen „Streitgespräche" mitgeprägt worden sind.

Dach Dion, 1967b hat Dtjes den typisch mesopotamischen hymnischen Selbstpreis der Götter von seinem polytheistischen Hintergrund befreit und zum Zweck der Demonstration der Macht Jahwes
als des alleinigen Gottes verwendet (vgl. ferner Phillips).

Die oben genannten Analogien bestätigt Peterson und weist auf den
bedeutenden Einfluß hin, den der sog. babylonische Hofstil auf Jes
40—55 hatte.

Whybray, 1971 hat der Frage nach den Quellen der dtjes Theologie
eine eigene Studie gewidmet. Es sei wahrscheinlich, daß die israelitische
Tradition von Jahwes himmlischer Ratsversammlung und die babylonische Vorstellung eines Götterpantheons in Beziehung stehen, was ein
kontrastierender Vergleich mit der Funktion der Gottheit Ea im Schöp-
fungsepos Enuma Eliš und Jes 40—55 zeige. Dtjes habe damit die
Einzigkeit Jahwes gegenüber den fremden Göttern verteidigen wollen (vgl. dazu Rosenberg, 1966).

Albertz untersucht die atl. Traditionen der Weltschöpfung und Menschenschöpfung u. a. anhand von Vergleichsmaterial aus der sume-
risch-babylonischen und ägyptischen Gebetsliteratur (vgl. VI. 1.).

Eine starke Beachtung finden mit Blick auf die Entwicklung der
prophetischen Heilserwartungen ägyptische Texte bei Herrmann.

K. Baltzer versteht die GKL in einer Linie mit den sog. ägyptischen
Idealbiographien, die als literarische Gattung im Alten Testament
rezipiert und weiterentwickelt wurden (vgl. zu den GKL noch
de Moor, in: H. H. Grosheide, De Knecht, 1978, 127—140, und
Dahood, in: FS W. F. Albright, 1978, 63—73). Die Einflüsse der
Religionen des Vorderen Orients auf die Verkündigung Dtjes betreffen
also nicht nur Einzelheiten. Auf eine Fülle von Parallelen, Anspielungen und direkten Bezügen zur Umwelt (bes. Mesopotamien) ist in
zahlreichen Untersuchungen eingegangen worden. Freilich steht eine
Gesamtstudie, die umfassend Bedeutung und Funktion des bisher zu-
gänglich gemachten religionsgeschichtlichen Materials für die Verkün-

digung Dtjes' untersucht, noch aus. Dtjes' *Kritik* an der Religion seiner Umwelt ist vor allem im Zusammenhang der Gerichtsreden und den Aussagen über Jahwes Unvergleichlichkeit gesehen worden (vgl. Monotheismusdebatte). Besonders hinzuweisen ist auf die Arbeiten von Preuß, 1971 u. 1976, der in seiner Analyse der religions- und götzenpolemischen Stellen in Jes. 40—55 (vgl. II. 3.) betont, es gehe Dtjes um die Entmachtung der Fremdgötter. Jahwes Gottsein gegenüber den zu verspottenden Götzen und Göttern der babylonischen Umwelt werde deutlich an seinem Geschichtshandeln: Jahwe führt herauf, was er verheißt. Wort und Geschehen bilden eine Einheit.

VI.

THEOLOGISCH-SYSTEMATISCHE INTERPRETATIONSPROBLEME

Wesentliche „Inhalte" der Botschaft Dtjes' sind herausgearbeitet worden: sein Gottesbild (Mihelic) und Monotheismus (Wildberger), seine Missionstheologie (Gelston, Lauha), sein Verständnis von Geschichte und Eschatologie (Universalismus), seine Bundestheologie (J. M. Miller), sein Schöpfungsglaube. Charakteristisch für die meisten „theologischen" Beiträge ist die starke Hervorhebung von „Inhalten, Themen und Konzeptionen", die in der Person dieses unbekannten Propheten, Schriftstellers bzw. „theologischen Denkers" (Steck) begründet sind. Dabei werden z. T. trotz Berücksichtigung der einzelnen Formelemente und der Sprache der Texte theologische Zusammenhänge rein gedanklich-abstrakt aufgezeigt mit der häufigen Konsequenz, daß sich in der Auslegung vor allem die heutige kirchliche und theologische Begrifflichkeit widerspiegelt. Aus der Fülle der Problemkreise seien hier exemplarisch die Aussagen zur „Schöpfung" und „Eschatologie" in Jes 40—55 erörtert.

1. STELLUNG UND FUNKTION DER DTJES SCHÖPFUNGSAUSSAGEN

Dtjes verweist im Rahmen seiner Botschaft häufig auf Jahwe den Schöpfer. Damit *erinnert* er an den durch Jahwes Wort und Tat gesetzten Anfang der Welt und Israels mit dem Ziel, das Vertrauen in Jahwes bewahrende und rettende Treue wieder zu erwecken.

Im Anschluß an die mit den Namen von Rad, Rendtorff und Westermann verbundene Diskussion um das Verständnis der atl. bzw. dtjes Schöpfungsaussagen sind die Fragen nach dem Verhältnis von „Protologie" und „Soteriologie" (vgl. dazu die Kritik von Schmid, S. 8 Anm. 21) bzw. Schöpfung und Erlösung nach wie vor virulent.

Stuhlmueller, 1970a modifiziert von Rads These von der „dienenden Funktion" des atl. Schöpfungsglaubens gegenüber der Heilsbotschaft. Der Schöpfungsglaube stelle nicht einfach die Argumentationsbasis für die Verkündigung der Erlösung dar, sondern umgekehrt sei die Erlösung das zuerst Gegebene: Die Tat der Erlösung ist Jahwes schöpferische Tat auf weltweiter Ebene („Creative Redemption"). Das Schöpfungsthema diene Dtjes dazu, Jahwes universales Handeln als ins Wunderhafte gesteigerten erlösenden Akt der Befreiung aus dem Exil darzustellen.

Harner, 1967 sieht in der Wiederherstellung Israels das dominierende Thema von Jes 40—55. Dadurch würden die nichtselbständigen Schöpfungs- und Auszugstraditionen miteinander verbunden, wobei der Schöpfungsglaube („creatio ancilla historiae") die Brücke zwischen dem Exodus und der erwarteten Erlösung bilde.

Keane bezeichnet die Schöpfung als unlöslichen Teil der Heilsgeschichte, nach R. Koch hat Dtjes' Rede von der Schöpfung „soteriologischen" Charakter.

Kraus untersucht die Beziehung zwischen Schöpfung und Weltvollendung anhand von Dtjes, P und der Apokalyptik.

Durch die Hineinnahme der Rede von der Schöpfung in das Geschichtsdenken wird die Schöpfung vor allem zu einem Akt der Gegenwart und der bevorstehenden Zukunft (Habel, 1972, Preuß, 1976 u. Stuhlmueller, 1967).

Haag thematisiert explizit das Verhältnis von Jahwes schöpferischem und seinem erlösenden Handeln mit dem Ergebnis, daß Erlösung durch Jahwe bei Dtjes zu verstehen ist als schöpferische Einholung jenes Anfangs, den Jahwe einst mit der Erwählung Israels gesetzt hatte.

Die meisten Exegeten rechnen nicht mit einer gewissen Eigenständigkeit der Schöpfungsaussagen, wie sie Westermann geltend gemacht hatte. Dies bestätigt ein Blick auf die Untersuchungen der dtjes Terminologie. Die Begriffe „bilden, machen, schaffen, aufrichten, gründen, ausspannen" werden mit stärker geschichtlich orientierten wie z. B. „erwählen" promiscue gebraucht (Keane, R. Koch u. a.).

Das Fragen nach der *formgeschichtlichen* Herkunft des Schöpfungsthemas bedeutet gegenüber einer überwiegend gedanklichen Verbindung von Aussagen einen wesentlichen Neuansatz. Albertz, Kirchschläger und neuerdings Angerstorfer nehmen die Redeformen zum Ausgangspunkt ihrer Frage nach dem dtjes Gebrauch der Schöpfungsaussagen (vgl. auch Gamper, 1969). Im Mittelpunkt der Diskussion stehen die hymnischen Partizipien. Albertz wandte sich gegen den häufig verwendeten einlinigen Schöpfungsbegriff und erkennt nach eingehender form- und traditionsgeschichtlicher Analyse zwei selbständige Gruppen von Schöpfungsaussagen: Die „Weltschöpfung", ihr Ort ist das beschreibende Lob oder der Hymnus mit der Funktion, die weltüberlegene Macht Jahwes zu preisen. Die Aussagen über die „Menschenschöpfung" in Klage und Heilsorakel haben die Funktion, im Kontrast zum zerbrochenen Verhältnis zwischen Gott und Mensch die bleibende Gemeinschaft zwischen dem Schöpfer und seinem Geschöpf zu bezeugen (vgl. dazu die Anmerkungen von Haag).

Kirchschläger untersucht die dtjes Schöpfungsaussagen in den Einleitungen der Sprüche, den Erweiterungen der Gottesprädikate und am Schluß bestimmter Verkündigungsabschnitte. Das Geschichtshandeln Jahwes werde klar mit dem Schöpfungswirken in einer Linie gesehen und als Konsequenz dem Schöpfungswirken zugeordnet.

Zuletzt sei hingewiesen auf die kürzlich erschienene Studie von Angerstorfer über Herkunft und Bedeutungsentwicklung des hebr. Terminus ברא. Nach ausführlicher Formanalyse vorexilischer, exilischer und nachexilischer Texte zieht er für Dtjes den Schluß, daß der sehr differenzierte Gebrauch dieses „Lieblingsbegriffes" in bezug auf das Thema Weltschöpfung altes Hymnengut erkennen lasse. Das Thema der Erschaffung des Menschen werde aktualisierend auf die Generation der Exilierten übertragen. Damit ermögliche „gerade der Rekurs auf die Schöpfungstheologie ... die Überwindung der Krise des Erwählungsglaubens. Die Tatsache der Schöpfung läßt von Jahwe eine ‚übermenschliche Tat' erhoffen, die nur Gott erbringen kann. Denn nur ein Handeln von der Qualität, die ברא impliziert, kann eine Heimkehr ermöglichen" (S. 223).

2. DIE STRUKTUR DER DTJES „ESCHATOLOGIE"

Die Kap. 40—55 des Jesajabuches sind wesentlicher Gegenstand der seit langem geführten und nach wie vor offenen Auseinandersetzung um das Verständnis der atl. Eschatologie (vgl. zum „eschatologischen" Charakter der dtjes Prophetie die Aufstellung bei Todd, S. 139—156). Es kann hier nicht um eine grundsätzliche Erörterung dessen gehen, was Eschatologie etwa im Unterschied zur Apokalyptik oder sonstiger prophetischer Rede von Zukünftigem (Verständnis von „Geschichte") meint. Zur umfassenden Information über diesen Begriff als eines Beispiels „theologischer Sprachverwirrung" (Wanke) sei auf die Diskussionsbeiträge des Sammelbandes „Eschatologie im Alten Testament" (Hg. H. D. Preuß, 1978) hingewiesen. Es soll hier lediglich deutlich werden, daß häufig mit Hilfe dieses Vorstellungskomplexes das Spezifische der dtjes Verkündigung begriffen wird.

Fohrer, Komm. hat den „eschatologischen Erlösungsglauben" als den dominierenden Gedanken in Jes 40—55 bezeichnet. Dtjes' Verlagerung des für die vorexilischen Propheten typischen Entweder-Oder-Kontrastes in einen zeitlichen Kontrast des Vorher-Nachher habe dazu geführt, daß der Entscheidungscharakter der Botschaft (Buße!) umgedeutet und das vollzogene Strafgericht abgelöst wurden durch die Erwartung einer endgültigen Heilszeit.

Ebenso, wenn auch mit jeweils anderen Nuancen und Folgerungen, betonen C. R. North, Smart, Wright u. a. die zentrale Bedeutung der Eschatologie in Jes 40—55. Smart wendet sich gegen ein Verständnis von Eschatologie als idealisierender Identifizierung geschehener historischer Ereignisse (Kyros) mit der endgültigen „intervention of God in the history of his people and of the world" (S. 39).

Whybray, Elliger und auch Herrmann üben Zurückhaltung im Gebrauch des Begriffs „Eschatologie". Ersterer legt das Schwergewicht auf den diesseitigen Charakter der Zukunftsaussagen (keine Lehre von den zwei Zeitaltern). Elliger, Komm. betont wiederholt die theologische Relevanz der Rede von Gott als dem Herrn der Geschichte. „Eschatologisch" wäre dann im Anschluß an Jes 42,10—13 diejenige Botschaft, die „das neue sieghafte Eingreifen Jahwes, das der Weltgeschichte die neue und für alle Zukunft entscheidende Wendung gibt", ansagt (S. 245). Deutlich treten die Probleme hervor wenn es darum geht zu verstehen, was Dtjes mit seiner Rede vom „Früheren" und „Kommenden" meinte (vgl. Odendaal). Ist unter Berücksichtigung des jeweiligen Kontextes unter dem „Früheren" der erste Exodus, die alten Verheißungen, das Gericht des Jahres 587 v. Chr. oder gar die ganze bisherige Geschichte Israels gemeint? Bezieht sich das „Neue, Kommende " auf die politischen Ereignisse der damaligen Zeit? Stuhlmueller, 1970a sieht die Bedeutung des „Früheren" und des „Neuen" bei Dtjes im Kontext des Erlösungsglaubens. Nach Schoors, 1964 begegnen diese Ausdrücke im Zusammenhang des Weissagungs-beweises und meinen dort die verschiedenen Ereignisse der Vergangen-heit und andererseits die Befreiung aus dem Exil.

An dieser Stelle entscheidet sich für Herrmann die Frage, ob man „in Deuterojesaja den Begründer der Eschatologie im Alten Testament und darüber hinaus zu sehen hat" (S. 298). Die entsprechenden Texte gehörten in den größeren Zusammenhang der Abwehr der falschen Götter und der Herausstellung Jahwes als des allein wahren und mächtigen Gottes.

Diskutiert wird ferner die Frage, ob in Jes 40—55 Universalismus vorliegt oder die Perspektive primär „nationalistischer bzw. parti-kularistischer" Art ist, eine Auffassung, die in letzter Zeit an Boden gewinnt (Hollenberg, Holmgren, 1973, Snaith, Whybray, Komm.).

Der sich für Westermann aus Jes 44,24—45,7 u. a. ergebenden These, Dtjes habe zwar die Rückkehr aus dem Exil, nicht aber die Restauration politischer Macht verheißen (vgl. McKenzie), stehen als extremstes Beispiel die Aussagen Holmgrens gegenüber, wonach Dtjes ein nationalistisches Programm der Restauration politischer Macht und Herrschaft nach innen und außen verkündet habe.

Nach der überwiegenden Mehrheit der Exegeten kann als gesichert gelten, daß es Dtjes wohl um Befreiung und Rückkehr aus dem Exil (Exodusthematik!) bzw. Wiederaufbau und Wiederherstellung des Landes geht, daß aber die Perspektive (Kap. 54 f.) zentral auf der Verkündigung des universalen Friedens liegt. Der Segen der Heilszeit ist, so D. Baltzer, umfassend in Zion-Jerusalem gegenwärtig. Alle Welt ist jedoch dahin ausgerichtet, an diesem neuen Heil teilzuhaben. Schoors, 1973a hat bestritten, daß Dtjes Universalismus oder Eschato-logie im Sinn eines radikalen Bruchs mit der Gegenwart kenne. Dieses Urteil findet er bestätigt durch seine Analyse der dtjes Redeformen. Das in ihnen eingebundene Begriffspaar „frühere Dinge — neue Dinge" habe nichts zu tun mit Eschatologie: „In my opinion, it is of no use to call every expectation eschatological. If the prophet does not expect a new and definitive order, it is not an eschatological expectation, for eschatology must have something to do with τὰ ἔσχατα, otherwise it does not have any definitive meaning at all" (S. 304).

Carroll meint, die Zukunft und Gegenwart erfahrbar verbindende „realized eschatology" habe, ähnlich der Präsentation des Königs im Kulthymnus, eine Konzentration und Reduktion auf Organisation und Erfahrung der im Kult versammelten Gemeinde erfahren mit der Tendenz, künftige Erwartung dahinschwinden zu lassen. Grund dafür sei die (sozialpsychologisch zu reflektierende) enttäuschte prophetische Erwartung gewesen („When prophecy failed", ähnlich auch Schmitt, vgl. VII.).

Den besonderen Aspekt struktureller Beziehungen zwischen „Eschatologie und Frieden", ihre Situationsbezogenheit und politische Dimension untersuchte Kegler vor dem Hintergrund prophetischen Redens vom Zukünftigen. Zu Dtjes' Perspektive eines universalen Friedens gehöre, daß er Gott als den Schöpfer der ganzen Welt und aller Völker ansagt und im Trösten der Trostlosen und Ermutigen der Mutlosen die Hoffnung auf eine Wende ihres Geschicks weckt.

VII.

STRUKTUR UND KOMPOSITION VON JES 40—55
(theologisch-systematisch, form- und redaktionsgeschichtlich)

Die heute kontrovers geführte Debatte über die literarische Eigenart und Struktur von Jes 40—55 geht zurück auf die seit Duhm und Budde nahezu unveränderte Problemstellung: Bestehen die Kap. 40—55 nur aus einer lockeren, wenig geordneten Abfolge kürzerer und längerer Abschnitte, ohne daß ein „Gedankenfortschritt" erkennbar wäre, oder liegt eine planvoll angelegte logisch sich entwickelnde Schrift vor (vgl. die Forschungsüberblicke bei Kiesow, S. 10—17, Melugin, 1976, S. 1—7, Spykerboer, S. 1—29, Vincent, S. 15—40)? Mit Zuspitzung auf die Frage nach einer „Entstehungsgeschichte" dieser Texte sind dabei die verschiedensten Lösungsversuche unternommen worden.

Das Ganze von Jes 40—55 wird vorwiegend unter *theologisch-systematischer* Perspektive zu erfassen versucht. So sucht man nach *„Hauptthemen"* der prophetischen Verkündigung (Huey, Jr.) oder analysiert die theologisch-konzeptuellen Dimensionen der „dtjes Theo-

logie" (Mihelic u. a.). Ein solches Vorgehen ist besonders im englisch-
sprachigen Raum häufig verbunden mit der grundsätzlichen, manchmal
auch pauschalen Kritik an der „atomisierenden" Methodik der Formkritik, der gegenüber die schriftstellerische und theologische Einheit
(extremes Beispiel: Knight) von Jes 40—55 herausgestellt wird (Herbert, Smart, vgl. auch Banwell). McKenzie teilt Jes 40—48 in 22 und
49—55 in 8 dichterische Einheiten („poems") ein. Sie sind vom Propheten als ihrem Sammler und Herausgeber gut arrangiert und lassen
einen „progress of thought and feeling in the composition" erkennen
(S. 35*). C. R. North, Komm. nimmt, die beiden Extreme (abge-
trennte selbständige Einheiten oder vollkommen integriertes architek-
tonisches Ganzes) verbindend, eine Zahl von 50 kleineren Einheiten
an, die in wohlgestaltete und geordnete größere Komplexe eingebun-
den sind.

Ähnlich spricht der stärker formgeschichtlich arbeitende Fohrer,
Komm. von „thematischen Überlegungen", die den Sammler der dtjes
Worte geleitet hätten, ohne daß freilich von einem „graduellen Ge-
dankenfortschritt" gesprochen werden könne.

Die Versuche sind nicht selten, das Ganze von Jes 40—55 von einem
dominierenden und zentralen Gedanken her zu verstehen, dem dann
auch die jeweiligen Redeformen untergeordnet sind (Beauchamp,
Bonnard, Krupp u. a.). Eine Schwäche dieser Versuche liegt darin, daß
die vielschichtigen Texte in eine notwendig harmonisierende Konzeption gezwängt werden.

Ringgren, 1977 macht den liturgischen Charakter der dtjes Sprache
zum Ausgangspunkt seiner Ausführungen über die Komposition von
Jes 49—55. Er schreibt den liturgischen Motiven und Formeln die
Funktion zu, an den entscheidenden Punkten der Gedankenführung
aufzutreten und damit ein Gerippe für die Komposition des Buches
zu bilden. Dieser ganze Komplex finde seine Einheit in der (wahr-
scheinlichen) Existenz eines Herbstfestes.

Über bloße „Stichwortverbindungen" (Mowinckel) hinausgehend,
widmet sich Goldingay nach der Erörterung von Themen, Formen,
Bildern (vgl. auch Hessler), Stil und Vokabular dem „arrangement of
Isaiah 41—45": „The parallels and sequences ... suggest that these
chapters were compiled carefully and purposefully so as to express
a specific message. The arrangement offers an interpretation of the
individual oracles which seems at some points at least to differ from
their original application .... But the presence of more than one level

of interpretation in the material . . . does not rule out the possibility that the arrangement as well as the original delivery of the oracles, were the work of the same prophet" (S. 298 f.).

Auf den Erkenntnissen der neueren Literaturwissenschaft basieren Lacks Überlegungen zur „structuration" von Jes 40—55. Lack, 1973a will durch die Entdeckung von Bildern, Symbolen und Systemen die tiefere Logik der Texte erfassen („développement par enveloppement", S. 81). Anhand der Konzeption von Gerechtigkeit als eines formal zusammenhängenden Systems von Symbolen versucht er für Jes 1—66 eine übergreifende Einheit zu demonstrieren. Dadurch könne das Jesajabuch als *redaktionelle* Einheit mit vielfältigen Beziehungen, Rahmungen und Inklusionen verstanden werden (vgl. die begründete Anfrage an Lack von Scharbert, 1976, S. 256—257).

Daran anknüpfend macht Spykerboer die Suche nach der „structuration" der Texte auf der Basis literarkritischer Arbeitsweise zu seinem Hauptanliegen. Er kommt zu dem Schluß, daß Jes 40—55 einschließlich der Passagen gegen die Fremdgötter ein kontinuierliches literarisches Werk ist, in dem die Gattungen dienende Funktion haben und nicht unbedingt mit den Basiseinheiten zusammenfallen. Die Botschaft von der Einzigkeit Jahwes sei in einer Reihe von Sprüchen präsentiert, die ein durchgehendes Ganzes bilden von Jes 40, 12—55,5, d.h. bis zum Höhepunkt der Rückkehr des Herrn zum Zion und des Wiederaufbaus Jerusalems. Die Entstehung dieses Ganzen beschreibt Spykerboer so: „ . . . the oracles and the motifs of thought come in waves, they cover old ground and get move further into new areas" (S. 186).

Die zuletzt geschilderten Positionen stellen z. T. die Reaktionen auf eine lange Phase *formgeschichtlicher* Erforschung der Texte dar, für die das Urteil Kiesows gilt: „Das vorrangige Interesse an der Abgrenzung selbständiger Einheiten zog die Aufmerksamkeit vom Vorgang der Komposition ab" (S, 11). In dieser Situation war entscheidend, daß Westermann die von der Forschungsgeschichte gestellten Probleme aufgriff und seinerseits die einzelnen Redeformen unter *Einschluß* ihrer Bedeutung und Funktion im Rahmen des Ganzen untersuchte. So ist die kompositorische Funktion der „eschatologischen Loblieder" anerkannt (Deming, Melugin, 1976 u. a.) und wurden andere Redeformen auf ihre kompositorische Bedeutung hin befragt (vgl. Phillips).

Nach Mettinger bildet Jes 49,1—12 den Brückenpfeiler, der die beiden Hauptträger der Komposition effektiv miteinander verbindet, wobei das erste, zweite und vierte GKL ebenfalls entscheidende Funktionen übernehmen.

Melugin trifft nach ausführlichen gattungs- und stilkritischen Analysen folgende Feststellung hinsichtlich des Kompositionsvorganges: Die meist mit den Redeformen zusammenfallenden kurzen Einheiten sind in ihrer formalen und inhaltlichen Unabhängigkeit und Eigenständigkeit die Elementarbausteine des Buches. Ein Sammler (Redaktor) hat die Einheiten unter „kerygmatischen" Gesichtspunkten geordnet (Prolog und Epilog, dazwischen 40,12—44,23; 44,24—49,13; 49,14—55,5) und vor allem stilistisch miteinander verklammert, so daß ... „in its final form the collection has deliberately eradicated any indicators of the process of growth" (S. 175). Die jede formgeschichtliche Analyse begleitende Frage nach der Art der Verwendung überlieferter Redeformen (vgl. II. 1.) beantwortet Melugin dahin gehend, daß er der schöpferischen literarischen Leistung des Exilspropheten und seiner darin zum Ausdruck kommenden Eigenständigkeit und Originalität hohen Stellenwert beimißt.

Dagegen hält Schorrs, 1973a den Vorgang der Komposition bei der Interpretation der Texte für sekundär. Jes 40—55 zeige im eigentlichen Sinn keine Struktur, die Einheiten seien nach rein äußeren Kriterien („catchwords, similarity of subject") gesammelt: „... former works on the redaction of the whole of Dt.-Is. show no clear overall structure" (S. 297 Anm. 2). An diesem Punkt ist Schoors anderer Meinung als Westermann, von dem er in seiner Formanalyse stark beeinflußt ist. Auch die oft entdeckte chronologische Ordnung findet Schoors in Jes 40—55 nicht bestätigt.

Eine solche Ordnung schaffende Hand erkennt jedoch E. Nielsen, der Jes 49,1—6,8—12 für die Brücke hält zwischen den Liedern, Predigten und Orakeln von Jes 41—48 und 49—55. Zwischen beiden Teilen stehe die Enttäuschung darüber, daß Kyros nach der Eroberung Babylons keine Erlaubnis zur allgemeinen Repatriierung gegeben hatte.

Becker war m. W. der erste, der mit Blick auf das Jesajabuch entschieden die Anwendung der *redaktionsgeschichtlichen* Methode forderte. Grundlegend war seine Erkenntnis, daß die Gesamtbotschaft des Buches nur durch das gleichzeitige Erfassen der echten Sprüche des Propheten *und* ihrer redaktionellen Bearbeitung verständlich wird. Die Entstehungsgeschichte von Jes 1—66 ist demnach so vorzustellen, daß eine Sammlung ursprünglicher Jesajaworte in der exilisch-nachexilischen Zeit durch zahlreiche redaktionelle Partien (40—55; 56—66 u. a). seine jetzige Gestalt erhalten habe. Jes 40 ff ist eine „Ad-hoc-Bildung für die Redaktion des Isaiasbuches" (S. 37). Für Vincent (vgl. I.) besteht Jes 40—55 aus Texten, die in Jahrhunderten der Überlieferung in kultischem Kontext gewachsen sind (ursprünglich sog. „offene Texte") und nun ihren „literarischen" Ort dem Wirken nachexilischer Tradenten verdanken, die zum ersten Male das ganze Buch konzipierten.

Die Bestimmung redaktioneller Schichten, dazu noch im Rahmen einer möglichen Entstehungsgeschichte von Jes 40—55, steht vor nahezu unüberwindlichen Schwierigkeiten: Inwieweit ist der Prophet für die Sammlung kleinerer oder auch größerer Textstücke verantworlich? Was verbirgt sich konkret hinter Bezeichnungen wie „Tradenten, Sammler, Kompositoren, Redaktoren, Schüler usw."? (Vgl. im Zusammenhang mit der literarischen Eigenart von Jes 40—55 die Diskussion um die Bedeutung von Propheten„schulen" für den Überlieferungsprozeß.)

Elliger, Komm. äußert sich in bezug auf größere Sammlungen vorsichtig. Den Prolog in Kap. 40 bezeichnet er in seiner jetzigen Gestalt als nachträgliche „redaktionelle Komposition" und verbindet seine Analyse der kleinsten Einheiten mit Kritik „gegenüber einer neuerdings wieder zunehmenden Tendenz, in 40—55 größere ‚Kompositionen' zu konstatieren, deren Abgrenzung dem subjektiven Ermessen des Auslegers überlassen bleibt, wenn ein wahlloses Aneinanderreihen verschiedener Gattungen schon beim Autor vorausgesetzt wird. Gewiß gibt es Stilmischungen innerhalb einer Gattung. Es mag auch Kompositionen geben, aber sie sind im Normalfall das Ergebnis einer literarischen Redaktion. Jedenfalls kann als Absicht des Autors eine Komposition erst dann als bewiesen gelten, wenn triftige Gründe für die gleiche Entstehungssituation der Teile beigebracht werden" (S. 116).

Kap. 40—55 ist zu redaktionellen Einheiten zusammengebunden, ein Sachverhalt, der zur Annahme eines Planes der Buchredaktion führt (S. 370).

Neuerdings haben Kiesow und Schmitt auf literar- und redaktionskritischer Basis versucht, die Entstehungsgeschichte von Jes 40—55 zu verstehen.

Anhand des Motivkomplexes „Exodus" tut dies Kiesow mit dem Fazit, daß sprachliche, stilistische und terminologische Eigenheiten den

Abschnitt Kap. 40—48 (unter Absehung besonderer Erweiterungen des Prologs und anderer Zusätze) als Grundschrift des Ganzen erweisen. Von Kap. 40—48 literarisch abhängig seien zwei Erweiterungsschichten, nämlich 49,1—52,10 und 52,13—55,13. Beide von einer jeweils anderen Hand verfaßten Erweiterungsschichten sind dabei auch mit Zusätzen in 40,13—48,20 vertreten: „Unter dieser Voraussetzung gewinnen auch die inhaltlichen Unterschiede eine neue Bedeutung: Die Anrede an Zion/Jerusalem statt an Jakob/Israel, der Wegfall der Gerichtsreden und Disputationen sowie des Themas Unvergleichlichkeit und Überlegenheit Jahwes gegenüber den Göttern, das nur in Kap 40—48 eine Rolle spielt" (S. 168). Kiesow vermutet hinter der redaktionellen Bearbeitung einen theologisch tiefgreifenden hermeneutischen Prozeß. Werde zum einen die Tradition des Auszugs (Schilfmeerwunder und Wüstenzug) in der Doppelbewegung von Konzentration und Universalisierung als Zeugnis für die Geschichtsmächtigkeit Jahwes interpretiert, so lasse zum anderen die die Exodusmotivik mythisierende Erweiterungsschicht ein verändertes Geschichtsverständnis erkennen: Der konkreten Erwartung der Führung durch Jahwe folgt nun der wiederhergestellte mythisch-zeitlose Glanz Zions als des endzeitlichen Heils. Einen ähnlichen redaktionellen Vorgang erblickt Schmitt (unter Rückgriff auf Elligers frühere Thesen zum Verhältnis Dtjes — Trjes) bei seiner Analyse der für die Gesamtkomposition wichtigen Kap. 48 und 55. Es müsse unterschieden werden zwischen einer noch deutlich erkennbaren prophetischen Grundschicht und ihrer „schultheologischen" Bearbeitung. Ausgelöst worden sei dieser Bearbeitungsprozeß durch das Problem der Nichterfüllung der an Kyros gebundenen eschatologischen Naherwartung. Aus diesem Grunde habe die Redaktion die eschatologische Verheißung von ihrem Bezug auf die aktuelle Geschichte gelöst und gleichzeitig eine Reduktion des universalen Aspekts der dtjes Theologie vorgenommen (vgl. schon Dion, 1970b und Carroll): „Dieser schultheologischen Bearbeitung entstammt auch der Epilog des Deuterojesajabuches (Jes 55) und wahrscheinlich auch die jetzige Fassung von Jes 40,1—11 (vor allem v. 6—8), so daß das Deuterojesaja*buch* wohl auf den Verfasser der schultheologischen Bearbeitung zurückzuführen ist" (S. 61).

Die für die Gesamtkomposition entscheidende Bedeutung von Prolog und Epilog ist immer gesehen worden. Nur selten jedoch sind diese Beobachtungen fruchtbar gemacht worden im Blick auf die Frage, welche Funktion die Betonung des schöpferischen Wortes Jahwes in

Jes 40 und 55 für das Ganze hat. Allein D. Baltzer und Stuhlmueller, 1970a haben ansatzweise diese Frage beantwortet indem sie hervorhoben, daß Prolog und Epilog in das Zentrum des dtjes Heilserwartung führen wollen.

Dtjes betone in seiner systematisch reflektierten „Worttheologie" in letzter Zuspitzung den undiskutierten Heilscharakter des vom Propheten verkündigten göttlichen Wortes (D. Baltzer, S. 130).

Stuhlmueller faßt die Ausführungen über das schöpferische Wort Jahwes so zusammen: „The setting of Yahweh's speaking and Israel's listening extends through the entire Book of Consolation, but it is found most vividly in the opening overture (. . .) where the word from the heavenly court announces what turns out to be the major themes of the Book of Consolation. The overture is matched by the epilog (. . .), so that Dt-Is enclosed his entire message within the all-powerfull, creative word" (S. 191).

ABSCHLIESSENDER GESAMTEINDRUCK

Eine lange Phase traditionsgeschichtlicher und formgeschichtlicher Erforschung der dtjes Texte, erweitert durch die Erörterung kompositorischer Gesichtspunkte, liegt hinter uns. In bezug auf die wesentlichen dtjes Redeformen besteht im Grundsatz Übereinstimmung. Es ist jedoch ein Trend sichtbar, „beyond form criticism" zu gehen z. T. aus einem gewissen Unbehagen gegenüber der Entdeckung weiterer Redeformen und stärkerer Differenzierung bereits herausgearbeiteter.

Zum anderen wollen mit Blick auf das Ganze eines literarischen Werkes *rhetorische Kritik* und *Strukturalismus* neue Akzente setzen.

Wenn auch methodisch ganz neue Ansätze nicht vorliegen, so ist doch zu bemerken, daß mit verstärktem Rückgriff auf die Unterscheidung literarischer Schichten (Literarkritik) und ihrer Herleitung von verschiedenen Verfassern und parallel zum Interesse der Formgeschichte an Komposition und Aufbau das *redaktionsgeschichtliche* Interesse an der Entstehung von Jes 40—55 aufgebrochen ist, was zu einer Erweiterung der traditionsgeschichtlichen Fragestellung geführt hat.

Was die GKL angeht, hat sich seit Duhm die individuelle Deutung mehr und mehr durchgesetzt. Hier wird freilich besonders deutlich, daß der Vielschichtigkeit der Texte nach Form, Inhalt und Interpretationsmöglichkeit mehr als nur eine bestimmte Deutung entsprechen kann.

Auch sollten diejenigen Stimmen Gehör finden, die hinsichtlich der Ausgrenzung der GKL oder des Problems der Person Dtjes' forschungsgeschichtliche Hypothesen in Frage stellen und versuchen, Selbstverständliches und weithin als gesichert Anerkanntes neu zu verstehen.

124

LITERATURVERZEICHNIS

Ackroyd, P. R., Exile and Restoration, London 1968
—, Israel under Babylon and Persia, London 1970
Albertz, R., Weltschöpfung und Menschenschöpfung. Untersucht bei Deuterojesaja, Hiob und in den Psalmen, Stuttgart 1974 (CTM A,3)
Angerstorfer, A., Der Schöpfergott des Alten Testaments. Herkunft und Bedeutungsentwicklung des hebräischen Terminus ברא (bara) „schaffen", Frankfurt 1979 (Regensburger Studien zur Theologie 20)
Arragon, G. J. van, Reminiscenties aan Deuteronomium in Jesaja 40—55, in: H. H. Grosheide, De Knecht, 1978, 11—16
Baltzer, D., Ezechiel und Deuterojesaja. Berührungen in der Heilserwartung der beiden großen Exilspropheten, Berlin 1971 (BZAW 121)
Baltzer, K., Zur formgeschichtlichen Bestimmung der Texte vom Gottesknecht im Deutero-Jesaja-Buch, in: FS G. von Rad, München 1971, 27—43
—, Die Biographie der Propheten, Neukirchen 1975
Banwell, B. O., A suggested Analysis of Isaiah XL—LXVI, in: ET 76 (1964/65) 166
Beauchamp, P., Le Deutéro-Isaïe dans le cadre de l'alliance, Lyon 1970
Becker, J., Isaias — Der Prophet und sein Buch, Stuttgart 1968 (SBS 30)
Beuken, W. A. M., Mišpat: The First Servant Song and Its Context, in: VT 22 (1972) 1—30
—, Jes 50,10—11. Eine kultische Paränese zur dritten Ebedprophetie, in: ZAW 85 (1973) 168—182
—, De vergeefse moeite van de Knecht. Gedachten over de plaats van Jesaja 49,1—6 in de context, in: H. H. Grosheide, De Knecht, 1978, 23—40
Blenkinsopp, J., Absicht und Sinn der Exodustradition in Deuterojesaja, in: Conc(D) 2 (1966) 762—767
Boadt, L., Isaiah 41,8—13: Notes on Poetic Structure and Style, in: CBQ 35 (1973) 20—34
Boecker, H. J., Redeformen des Rechtslebens im Alten Israel, Neukirchen 1964 (WMANT 14)
Bonnard, P.-E., Le Second Isaïe. Son disciple et leurs éditeurs. Isaïe 40—66., Paris 1972 (Etudes bibliques)
Brueggemann, W., Is 55 and Deuteronomic Theology, in: ZAW 80 (1968) 191—203
Carroll, R. P., Second Isaiah and the Failure of Prophecy, in: StTh 32 (1978) 119—131
Chavasse, C., The Suffering Servant and Moses, in: CQR 165 (1964) 152—163
Clark, K. C., An Analysis of Isaiah 40—44, 23 Utilizing the Creation-Redemption Model of the Creator-King and Process Theology, Diss. Claremont 1977
Clines, D. J. A., I, He, We, and They. A Literary Approach to Isaiah 53, Sheffield 1976 (Journal for the Study of the Old Testament, Supplement Series 1)

Conrad, E. W., Patriarchal Traditions in Second Isaiah, Diss. Princeton 1974

Coppens, J., Le messianisme israélite. La relève prophétique IV. Le Serviteur de Yahvé figure prophétique de l'avenir, in: EThL 48 (1972) 5—36

—, Le Serviteur de Yahvé — personnification de Sion — Jérusalem en tant que centre cultuel des repatriés, in: EThL 52 (1976) 344—346

Crüsemann, F., Studien zur Formgeschichte von Hymnus und Danklied in Israel, Neukirchen 1969 (WMANT 32)

Deming, L. M., Hymnic Language in Deutero-Isaiah: The Calls to Praise and their function in the Book, Diss. Emory 1978

Dijkstra, M., De koninklijke Knecht. Voorstelling en investituur van de Knecht des Heren in Jesaja 42, in: H. H. Grosheide, De Knecht, 1978, 41—52

Dion, H.-M., The Patriarchal Traditions and the Literary Form of the »Oracle of Salvation«, in: CBQ 29 (1967a) 198—206

—, Le genre littéraire sumérien de l'»Hymne à soi-même« et quelques passages du Deutéro-Isaïe, in: RB 74 (1967b) 215—234

Dion, P.-E., Les chants du Serviteur de Yahweh et quelques passages apparentés d'Is 40—55. Un essai sur leurs limites précises et sur leurs origines respectives, in: Bib. 51 (1970a) 17—38

—, L'universalisme religieux dans les différentes couches rédactionelles d'Isaïe 40—55, in: Bib. 51 (1970b) 161—182

—, The ›Fear not‹ Formula and Holy War, in: CBQ 32 (1970c) 565—570

Eakins, J. K., Ezekiel's Influence on the Exilic Isaiah, Diss. Southern Baptist Theological Seminary 1970

Eitz, A., Studien zum Verhältnis von Priesterschrift und Deuterojesaja, Diss. Heidelberg 1969

Elliger, K., Der Begriff »Geschichte« bei Deuterojesaja, auch in: KS München 1966, TB 32, 199—210

—, Ein neuer Zugang?, in: FS L. Rost, Berlin 1967, 59—64

—, Deuterojesaja I (40,1—45,7), Neukirchen 1978 (BK XI/1)

Feuillet, A., Les poèmes du Serviteur, in: Études d'exégèse et de théologie biblique I (Ancien Testament), Paris 1975, 119—179

Fohrer, G., Das Buch Jesaja, Bd. 3, Kap. 40—66, Zürich 1964 (ZB)

—, Studien zur alttestamentlichen Prophetie (1949—1965), Berlin 1967 (BZAW 99)

—, Neue Literatur zur alttestamentlichen Prophetie (1961—1970) VI. Deutero- und Tritojesaja, in: ThR 45 (1980) 23—39

Gamper, A., Deutero-Isaias und die heutige katholische Exegese, in: TGA 8 (1965) 196—200

—, Der Verkündigungsauftrag Israels nach Deuterojesaja, in: ZKTh 91 (1969) 411—429

Gelston, A., The Missionary Message of Second Isaiah, in: SJTh 18 (1965) 308—318

Gitay, Y., Rhetorical Analysis of Isaiah 40—48. A Study of the Art of Prophetic Persuasion, Diss. Emory 1978

Golebiewski, M., Analyse littéraire et théologique d'Is 54—55. Une alliance éternelle avec la nouvelle Jérusalem, Rom 1976

Goldingay, J., The arrangement of Isaiah 41—45, in: VT 29 (1979) 289—299

Grosheide, H. H., (Hg.) De Knecht, Studies rondom Deutero-Jesaja aangeboden aan Prof. Dr. J. L. Koole, Kampen 1978

Gunn, D. M., Deutero-Isaiah and the Flood, in: JBL 94 (1975) 493—508

Habel, N. C., He Who Stretches Out the Heavens, in: CBQ 34 (1972a) 417—430
—, »Yahweh, maker of heaven and earth«. A Study in Tradition Criticism, in: JBL 91 (1972b) 321—337
Haran, M., The Literary Structure and Chronological Framework of the Prophecies in Is. XL—XLVIII, in: VT.S 9 (1962) 127—155
Harner, Ph. B., Creation-Faith in Deutero-Isaiah, in: VT 17 (1967) 298—306
—, The Salvation Oracle in Second-Isaiah, in: JBL 88 (1969) 418—434
Heintz, J. G., Oracles prophétiques et »guerre sainte« selon les archives royales de Mari et l'Ancien Testament, in: VT.S 17 (1969) 112—138
Henry, M.-L., Prophet und Tradition, Berlin 1969 (BZAW 116)
Herbert, A. S., The Book of the Prophet Isaiah. Chapters 40—66, Cambridge 1975 (Cambridge Bible Commentary)
Hermisson, H.-J., Diskussionsworte bei Deuterojesaja. Zur theologischen Argumentation des Propheten, in: EvTh 31 (1971) 665—680
Herrmann, S., Die prophetischen Heilserwartungen im Alten Testament, Stuttgart 1965 (BWANT 85)
Hessler, E., Die Struktur der Bilder bei Deuterojesaja, in: EvTh 25 (1965) 349—369
Hollenberg, D. E., Nationalism and »the nations« in Isaiah XL—LV, in: VT 19 (1969) 23—36
Holmgren, F., Chiastic Structure in Isaiah LI, 1—11, in: VT 19 (1969) 196—201
—, With Wings as Eagles. Isaiah 40—55: An Interpretation, New York 1973
Huey Jr., F. B. Great Themes in Isaiah 40—66, in: SWJT 11 (1968) 45—58
Hurst, C. J., Guidelines for Interpreting Old Testament Prophecy Applied to Isaiah 40—66, in: SWJT 11 (1968) 29—44
Irons, N. L., A form-critical study of the trial speeches in Deutero-Isaiah, Diss. Vanderbuilt Univ. 1976
Jeremias, C., Die Erzväter in der Verkündigung der Propheten, in: FS. W. Zimmerli, Göttingen 1977, 206—222
Jeremias, J., מִשְׁפָּט im ersten Gottesknechtslied Jes 42,1—4, in: VT 22 (1972) 31—42
Jones, G. H., »Abraham and Cyrus: Type and Antitype«, in: VT 22 (1972) 304—319
Junker, H., Der Sinn der sogenannten Ebed-Jahwe-Stücke, in: TThZ 79 (1970) 1—12
Kaiser, O., Rezension zu A. Schoors, I am God, your Saviour, in: ThLZ 104 (1979) 648—650
Kapelrud, A. S., Et folk på hjemferd, »Trøsteprofeten« — den annen Jesaja — og hans budskap, Oslo 1964a
—, The Date of the Priestly Code, in: ASTI 3 (1964b) 58—64
—, The Identity of the Suffering Servant, in: FS W. F. Albright, Baltimore 1971, 307—314
Kaufmann, Y., The Babylonian Captivity and Deutero-Isaiah, New York 1970
Kegler, J., Prophetisches Reden von Zukünftigem, in: G. Liedke (Hg.), Eschatologie und Frieden II, Heidelberg 1978, 11—60
Kiesow, K., Exodustexte im Jesajabuch. Literarkritische und Motivgeschichtliche Analysen, Göttingen 1979 (Orbis Biblicus et Orientalis 24)
Kilian, R., Ps 22 und das priesterliche Heilsorakel, in: BZNF 12 (1968) 172—185

Kirchschläger, W., Die Schöpfungstheologie des Deuterojesaja, in: BiLi 49 (1976) 407—422

Kirst, N., Formkritische Untersuchung zum Zuspruch »Fürchte dich nicht!« im Alten Testament, Diss. Hamburg 1968

Klein, R. W., Going home — A Theology of Second Isaiah, in: Currents in Theology and Mission 5 (1978) 198—210

Knight, G. A. F., Deutero-Isaiah. A Theological Commentary on Is 40—55, Nashville 1965

Koch, K., Die Stellung des Kyros im Geschichtsbild Deuterojesajas und ihre überlieferungsgeschichtliche Verankerung, in: ZAW 84 (1972) 352—356

Koch, R., Die Theologie des Deutero-Isaias, in: TGA 9 (1966) 20—30

Koole, J. L., »De beeldenstorm van Deuterojesaja«, in: Loven en Geloven, opstellen aangeboden aan Prof. Dr. Nic. H. Ridderbos, Amsterdam 1975, 77—93

Kosmala, H., Form and Structure of Ancient Hebrew Poetry, in: VT 14 (1964) 423—445 und VT 16 (1966) 152—180

Kraus, H.-J., Schöpfung und Weltvollendung, in: EvTh 24 (1964) 462—485

—, Die ausgebliebene Endtheophanie. Eine Studie zu Jes. 56—55, in: ZAW 78 (1966) 317—332

Krinetzki, L., Zur Stilistik von Jes 40,1—8, in: BZNF 16 (1972) 54—69

Krupp, K., Das Verhältnis Jahwe—Israel im Sinne eines Ehebundes, Diss. Freiburg 1972

Kruse, C. G., The Servant Songs: Interpretative Trends since C. R. North, in: Studia Biblica et Theologica 8 (1978) 3—27

Kutsch, E., Sein Leiden und Tod — unser Heil. Eine Auslegung von Jesaja 52,13 bis 53,12, Neukirchen 1967 (BSt 52)

Lack, R., La Symbolique du Livre d'Isaïe: Essai sur l'image Littéraire comme élément de structuration, Rom 1973a (AnBib 59)

—, La strutturazione di Isaia 40—55, in: La Scuola Cattolica 101 (1973b) 43—58

Lauha, A., »Der Bund des Volkes«. Ein Aspekt der deuterojesajanischen Missionstheologie", in: FS W. Zimmerli, Göttingen 1977, 257—261

Leupold, H. C., Exposition of Isaiah II. Ch. 40—66, Grand Rapids 1971

Limburg, J., An Exposition of Isaiah 40,1—11, in: Interp 29 (1975) 406—411

—, The Prophets in Recent Study: 1967—1977, in: Interp 32 (1978) 56—68

Lohfink, N., „Israel" in Jes 49,3, in: FS J. Ziegler, Würzburg 1972, 217—229 (Forschung zur Bibel 2)

Loretz, O., Die Sprecher der Götterversammlung in Is 40,1—8, in: UF 6 (1974) 489—491

Ludwig, Th. M., The Traditions of Establishing of the Earth in Deutero-Isaiah, in: JBL 92 (1973) 345—357

Maass, F., „Tritojesaja"?, in: FS L. Rost, Berlin 1967, 153—163 (BZAW 105)

MacRae, A. A., The Servant of the Lord in Isaiah, in: BS 121 (1964) 125—132. 218—227

Mansfeld, G., Der Ruf zur Freude im Alten Testament, Diss. Heidelberg 1965

Margalioth, R., The Indivisible Isaiah. Evidence for the Single Authorship of the Prophetic Book, Jerusalem/New York 1964

Mays, J. L., Ezekiel, Second Isaiah, Philadelphia 1978 (Proclamation Commentaries)

McGowan, J., Reflections on Is 40—55: The Prophetic Minority within the Unreformed Community, in: BiTod 30 (1967) 2121—2126

McKenzie, J. L., Second Isaiah, New York 1968 (AncB 20)

Melugin, R. F., The Structure of Deutero-Isaiah, Diss. Yale 1968

—, Deutero-Isaiah and form-criticism, in: VT 21 (1971) 326—337

—, The Formation of Isaiah 40—55, Berlin 1976 (BZAW 141)

Merendino, R. P., Literarkritisches, Gattungskritisches und Exegetisches zu Jes 41,8—16, in: Bib. 53 (1972) 1—42

Merwe, B. J. van der, Echoes from teaching of Hosea in Isaiah 40—55, in: OTWSA 8 (1966) 90—99

Mettinger. T. N. D., Die Ebed-Jahwe-Lieder. Ein fragwürdiges Axiom, in: ASTI 11 (1977/78) 68—76

Michel, D., Das Rätsel Deuterojesaja, in: ThViat XIII (1975/76) 115—132

Mihelic, J. L., The Concept of God in Deutero-Isaiah, in: BR 11 (1966) 29—41

Miller Jr., J. M., The Concept of Covenant in Deutero-Isaiah: Its Forms and Sources, Diss. Boston 1972

Miller, J. W., Prophetic Conflict in Second Isaiah. The Servant Songs in the Light of their Context, in: FS W. Eichrodt, Zürich 1970, 77—85

Morgenstern, J., Isaiah 49—55, in: HUCA 36 (1965) 1—35

—, Further Light from the Book of Isaiah upon the Catastrophe of 485 B. C., in: HUCA 37 (1966) 1—28

Moye, J. E. L., Israel and the Nations in Isaiah 40—66, Diss. Southern Baptist Theological Seminary 1972

Muilenburg, J., Rezension zu Komm. von G. A. F. Knight und J. D. Smart, in: JBR 34 (1966) 253—257

—, Form Criticism and Beyond, in: JBL 88 (1969) 1—18

Neumann, P. H. A., (Hg.) Das Prophetenverständnis in der deutschsprachigen Forschung seit Heinrich Ewald, Darmstadt 1979 (WdF 307)

Nielsen, E., Deuterojesaja. Erwägungen zur Formkritik, Traditions- und Redaktionsgeschichte, in: VT 20 (1970) 190—205

Nielsen, K., Yahweh as Prosecutor and Judge: An Investigation of the Prophetic Lawsuit, Sheffield 1978 (Journal for the Study of the Old Testament, Supplement Series 9)

North, C. R., The Second Isaiah, Oxford 1964

North, R., Angel — Prophet or Satan — Prophet?, in: ZAW 82 (1970) 31—67

Odendaal, D. H., The „former" and the „new things" in Isaiah 40—48, in: OTWSA 10 (1967) 64—75

—, The Eschatological Expectation of Is. 40—66 with Special Reference to Israel and the Nations, Nutley/N. Y. 1970

Ogden, G. S., Moses and Cyrus. Literary Affinities between the Priestly presentation of Moses in Exodus 6—8 and the Cyrus Song in Isaiah 44,24—45,13, in: VT 28 (1978) 195—203

Orlinsky, H. M., The So-Called »Suffering-Servant« in Isaiah 53, Cincinnati 1964

Orlinsky, H. M. u. Snaith, N. H., Studies in the Second Part of the Book of Isaiah, Leiden 1967 (VT. S 14)

Paul, S. M., Deutero-Isaiah and Cuneiform Royal Inscriptions, in: JAOS 88 (1968) 180—186

Payne, D. F., Characteristic Word-play in »Second Isaiah«: A Reappraisal, in: JSS 12 (1967) 207—229
—, Recent Trends in the Study of Isaiah 53, in: Irish Biblical Studies 1 (1979) 3—18
Payne, J. B., Eighth Century Israelitish Background of Isaiah 40—66, in: WThJ 29 (1966/67) 179—190 u. 30 (1967/68) 50—58. 185—203
Petersen, D. L., Late Israelite Prophecy. Studies in Deutero-Prophetic Literature and in Chronicles, Missoula 1977
Peterson, S. L., Babylonian literary influence in Deutero-Isaiah, Diss. Vanderbuilt 1975
Phillips, M. L., The Significance of the Divine Self-Predication Formula for the Structure and Content of the Thought of Deutero-Isaiah, Diss. Drew Univ. 1969
—, Divine Selfpredication in Deutero-Isaiah, in: BR 16 (1971) 32—51
Pipal, B., The Lord's Ebed in the Exile, in: CV 13 (1970) 177—180
Preuß, H. D., Verspottung fremder Religionen im Alten Testament, Stuttgart 1971 (BWANT 92)
—, Deuterojesaja. Eine Einführung in seine Botschaft, Neukirchen 1976
—, (Hg.) Eschatologie im Alten Testament, Darmstadt 1978 (WdF 480)
Radday, Y. T., Vocabulary Eccentricity and the Unity of Isaiah, in: Tarb. 39 (1969/70) 323—341
—, Two Computerized Statistical-Linguistic Texts concerning the Unity of Isaiah, in: JBL 89 (1970) 319—324
—, The Unity of Isaiah in the Light of Statistical Linguistics, Hildesheim 1973
Rast, W. E., Tradition History and the Old Testament, Philadelphia 1972
Reicke, B., The Knowledge of the Suffering Servant, in: FS L. Rost, Berlin 1967, 186—192 (BZAW 105)
Reiterer, F. V., Gerechtigkeit als Heil. צדק bei Deuterojesaja. Aussage und Vergleich mit der alttestamentlichen Tradition, Graz 1976
Rendtorff, R., Die theologische Stellung des Schöpfungsglaubens bei Deuterojesaja, auch in: GSt, TB 57, 1975, 209—219
Ringgren, H., Deuterojesaja och kultspråket, in: TAik 72 (1967) 166—176
—, Die Funktion des Schöpfungsmythos in Jes 51, in: FS A. Jepsen Stuttgart 1971, 38—40
—, Zur Komposition von Jesaja 49—55, in: FS W. Zimmerli, Göttingen 1977, 371—376
Roodenburg, P. C., Israel, de Knecht en de Knechten, Een onderzoek naar de betekenis en de functie van het nomen in Jesaja 40—66, Meppel 1977
Rosenberg, R. A., Jesus, Isaac, and the »Suffering Servant«, in: JBL 84 (1965) 381—388
—, Yahweh Becomes King, in: JBL 85 (1966) 297—307
Roth, W. M. W., The Anonymity of the Suffering Servant, in: JBL 83 (1964) 171—179
—, For Life, he Appeals to Death (Wis. 13,18). A Study of Old Testament Idol Parodies, in: CBQ 37 (1975) 21—47
Ruprecht, E., Die Auslegungsgeschichte zu den sog. Gottesknechtliedern im Buch Deuterojesaja unter methodischen Gesichtspunkten bis zu Bernhard Duhm, Diss. Heidelberg 1972

Sauer, G., Deuterojesaja und die Lieder vom Gottesknecht, in: FS der ev.-theol. Fakultät Wien, München 1972, 58—66

Scharbert, J., Die prophetische Literatur. Der Stand der Forschung, in: EThL 44 (1968) 346—406

—, Rezension zu R. Lack, La Symbolique ..., in: BZNF 20 (1976) 256 f.

Scheiber, A., Der Zeitpunkt des Auftretens von Deuterojesaja, in: ZAW 84 (1972) 242—243

Schmid, H.-H., Schöpfung, Gerechtigkeit und Heil. „Schöpfungstheologie" als Gesamthorizont biblischer Theologie, in: ZThK 70 (1973) 1—19

Schmidt, J. M., Probleme der Prophetenforschung, in: VF 17 (1972) 39—81

Schmitt, H.-C., Prophetie und Schultheologie im Deuterojesajabuch. Beobachtungen zur Redaktionsgeschichte von Jes 40—55, in: ZAW 91 (1979) 43—61

Schoors, A., Les choses antérieures et les choses nouvelles dans les oracles deutéro-isaiens, in: EThL 40 (1964) 19—47

—, L'Eschatologie dans les Prophéties du Deutéro-isaie, in: RechBib 8 (1967) 107—128

—, The Rîb-Pattern in Is 40—55, in: Bijdr 30 (1969) 25—38

—, Arrièrefonds historique et critique d'authenticité des textes deutéro-isaiens, in: OLoP 2 (1971) 105—135

—, I am God, your saviour. A form-critical study of the main genres, in Is. XL—LV, Leiden 1973a (VT. S 24)

—, Jesaja II, Roermond 1973b (BOT IX B)

Schreiner, J., Das Buch jesajanischer Schule, in: J. Schreiner (Hg.), Wort und Botschaft, Würzburg 1966, 143—162

Schüpphaus, J., Stellung und Funktion der sogenannten Heilsankündigung bei Deuterojesaja, in: ThZ 27 (1971) 161—181

Schulz, H. J., Eschatologie und Ethik im Alten und Neuen Testament, in: Theologische Versuche VII (1976) 115—124

Scullion, J. J., Ṣedeq — Ṣedaqah in Isaiah cc. 40—66, in: UF 3 (1971) 335—348

Seybold, K., Thesen zur Entstehung der Lieder vom Gottesknecht, in: Biblische Notizen 3 (1977) 33—34

Simon, E., The Jews as God's Witness to the World, in: Judm 15 (1966) 306—318

Smart, J. D., History and Theology in Second Isaiah. A Commentary on Isaiah 35,40—66, Philadelphia 1965

Snaith, N. H., siehe unter H. M. Orlinsky

Spykerboer, H. C., The Structure and Composition of Deutero-Isaiah. With Special Reference to the Polemic against Idolatry, Groningen 1976

Stamm, J. J., Berît 'am bei Deuterojesaja, in: FS G. von Rad, München 1971, 510—524

Steck, O. H., Deuterojesaja als theologischer Denker, in: KuD 15 (1969) 280—293

Stuhlmueller, C., „First and Last" and „Yahweh-Creator" in Deutero-Isaiah, in: CBQ 29 (1967) 495—511

—, Creative Redemption in Deutero-Isaiah, Rom 1970a (AnBib 43)

—, Yahweh-King and Deutero-Isaiah, in: BR 15 (1970b) 32—45

Swartzentruber, A. O., The Servant Songs in Relation to their Context in Deutero-Isaiah: A Critique of Contemporary Methodologies, Diss. Princeton 1970

Terrien, S., Quelques remarques sur les affinités de Job avec le Deutéro-Esaie, in: VT. S 15 (1966) 295—310

Thomas, J. H., The Authorship of the Book of Isaiah, in: RestQ 10 (1967) 46—55
Todd, V. H., Prophet without Portfolio. A Study and Interpretation of Second Isaiah, North Quincy, Mass. 1972
Treves, M., Isaiah LIII, in: VT 24 (1974) 98—108
Vincent, J. M., Studien zur literarischen Eigenart und zur geistigen Heimat von Jesaja Kap. 40—55, Frankfurt 1977
(Beiträge zur Biblischen Exegese und Theologie 5)
Waldow, H.-E. von, The Message of Deutero-Isaiah, in: Interp 22 (1968) 259—287
Ward, J. M., The Servant Songs in Isaiah, in: RExp 65 (1968) 433—446
Weinfeld, M., God the Creator in Gen 1 and in the Prophecy of Second Isaiah, in: Tarb. 37 (1967/68) 105—132
Westermann, C., Das Heilswort bei Deuterojesaja, in: EvTh 24 (1964) 355—373
—, Jesaja 48 und die „Bezeugung gegen Israel", in: FS T. C. Vriezen, Wageningen 1966, 356—366
—, Das Buch Jesaja, Kapitel 40—66, Göttingen 1966 (ATD 19)
Whitcomb Jr., J. C., Cyrus in the Prophecies of Isaiah, in: FS O. T. Allis, Nutley, N. J. 1974, 388—401
Whitley, C. F., Deutero-Isaiah's interpretation of ṣedeq, in: VT 22 (1972) 469—475
Whybray, R. N., The Heavenly Counsellor in Isaiah XL, 13—14. A Study of the Sources of the Theology of Deutero-Isaiah, Cambridge 1971
—, Isaiah 40—66, London 1975 (New Century Bible)
—, Thanksgiving for a Liberated Prophet. An Interpretation of Isaiah Chapter 53, Sheffield 1978
(Journal for the Study of the Old Testament Supplement Series 4)
Wiéner, C., Le Deuxième Isaïe. Le prophéte du nouvel Exode, Paris 1977 (Cahiers Evangile 20)
Wildberger, H., Der Monotheismus Deuterojesajas, in: FS W. Zimmerli, Göttingen 1977, 506—530
Williams, D. L., The Message of the Exilic Isaiah, in: RExp 65 (1968) 423—432
Williams Jr., P., The Poems About Incomparable Yahweh's Servant, in: SWJT 11 (1968) 73—88
Wilshire, L. E., „The Servant-City: A New Interpretation of the ‚Servant of the Lord' in the Servant Songs of Deutero-Isaiah, in: JBL 94 (1975) 356—367
Woude, A. S. van der, De liederen van de Knecht des Heren, in: HeB 24 (1965) 1—6.25—31.49—51
Wright, G. E., Isaiah, London 1965 (Layman's Bible Commentary 11)
Young, E. J., The Book of Isaiah III, Chapters 40—66, Grand Rapids 1972
(The New International Commentary on the Old Testament)
Zimmerli, W., Das „Gnadenjahr des Herrn", in: FS K. Galling, Tübingen 1970, 299—319
—, Der Wahrheitserweis Jahwes nach der Botschaft der beiden Exilspropheten, auch in: Studien zur atl. Theologie und Prophetie, TB 51, 1974, 192—212
—, Zur Vorgeschichte von Jes LIII, in: VT.S 17 (1968) 236—244 (auch in: TB 51, 1974, 213—221)
Zobel, H.-J., Das Gebet um Abwendung der Not und seine Erhörung in den Klageliedern des Alten Testaments und in der Inschrift des Königs Zakir von Hamath, in: VT 21 (1971) 91—99